BILDBAND • KOLLEKTION ANTONI GAUDÍ • BARCELONA

Basilika
Sagrada Familia

DIE UNVOLLENDETE KIRCHE, EIN KUNSTWERK VON WELTGELTUNG

FOTOS: CARLOS GIORDANO RODRÍGUEZ UND NICOLÁS PALMISANO SOSA

DOSDEARTE EDICIONES
GUÍAS VISUALES
GRANDES OBRAS

Inhaltsverzeichnis

Lichtdiffusor an der zentralen Gewölbedecke

Natur als Vorbild
Als Inspiration für viele funktionale und dekorative Elemente an und in der Basilika dienten Antoni Gaudí Pflanzen und Tiere, die in der Mittelmeerregion vorkommen.

Taufbecken in der Krypta

01

EIN GROSSES WERK FÜR ALLE

Die Ursprünge von Gaudís Kirchenbau

Mit dem Bau wurde 1882 auf einem Grundstück im neu erschlossenen Stadtviertel Eixample begonnen.

Das 19. Jahrhundert war für das Christentum in Europa eine schwere Zeit, und das traf auch und besonders auf die Stadt Barcelona zu, die in diesem Jahrhundert tiefgreifende gesellschaftliche und wirtschaftliche Veränderungen durchlief. Die katholische Kirche, die in Spanien Jahrhunderte lang eine mächtige Position inne gehabt hatte, sah ihren Einfluss schwinden, nachdem sich nach der französischen Revolution und dem napoleonischen Feldzug auf der iberischen Halbinsel mehrere liberale Regierungen abgewechselt hatten. Die 1836 verfügte Desamortisation (dt.: Bindungsaufhebung, Säkularisierung), bei der die Kirche viele Grundstücke und Gebäude verlor, stürzte die Institution in eine schwere finanzielle Krise. Außerdem erlebten Teile der Gesellschaft ausgelöst durch die industrielle Revolution einen radikalen Wechsel ihrer Lebensgewohnheiten, und es kam zu einer Abwanderung vom Land in die Städte. Dies führte zu einer geistigen Krise, die der spanische Klerus mit großem Missionarseifer zu bekämpfen versuchte, um die Gesellschaft zum Glauben zurückzuführen. Der im Jahr 1866 gegründete religiöse Verein „Associació de Devots de Sant Josep“ entstand im Zuge dieser Missionarsaktivtäten. 1878 hatte der Verein bereits eine halbe Million Mitglieder. Dies animierte den Gründer des Vereins Josep Maria Bocabella dazu, den Bau eines der Heiligen Familie geweihten Sühnetempels zu planen, der mit den Spenden der Gläubigen finanziert und auf einem Gelände im Eixample, dem nach Schleifen der mitteralterlichen Stadtmauern neu angelegten Stadtviertel, gebaut werden sollte. Nach jahrelangen Vorbereitungen konnten die Bauarbeiten am 19. März 1882 beginnen.

Die Geburtsfassade
Auf diesem Foto sieht man die bereits weit fortgeschrittenen Bauarbeiten an der Ostfassade während der Periode 1906-1907.

Die Anbetung durch die Hirten
Diese Skulpturengruppe befindet sich am Portal der Barmherzigkeit an der Geburtsfassade.

Barcelona um 1885

Der Bau der Basilika Sagrada Familia wurde in einer Epoche geplant, die besonders in Barcelona durch bedeutende Umbrüche geprägt war.

Neue kulturelle Ordnung
Im 19. Jahrhundert erlebte Barcelona eine schnelle Industrialisierung und wurde zu einer wohlhabenden Stadt. Dies wirkte sich auch auf das kulturelle Leben der Stadt aus und führte zur sogenannten *Renaixença*, einer Bewegung, die das Katalanische wieder zu der Hochsprache machen wollte, die sie einst gewesen war. Es kam zu einem Aufblühen von katalanischer Literatur, Kunst und Architektur. Großen Anteil daran hatte die aufstrebende Bürgerschaft, die durch die industrielle Revolution zu Wohlstand gelangt war und die einen wesentlichen Anteil am Erstarken des katholischen Glaubens hatte, der als Grundlage des mittelalterlichen Kataloniens und als Pfeiler der neuen kapitalistisch orientierten Ethik der *Renaixença* galt: ein gemäßigt konservativer Nationalismus mit christlichen Wurzeln und starkem Gewicht auf Familie, Eigentum und Religion.

Zentrum des neuen Barcelonas
Die Plaça Catalunya war bereits Ende des 19. Jhdt. geschäftiges Herz einer lebendigen Stadt.

1881
IN DEM JAHR
wird die Schwarze Madonna von Montserrat (La Moreneta) zur Schutzpatronin von Katalonien ernannt.

1875
KÖNIG ALFONSO XII. VON SPANIEN
Die Bourbonen kehrten nach der Herrschaft von Amadeo I. und der ersten spanischen Republik auf den Thron zurück.

1885
DAS ERSTE AUTOMOBIL
Die Ingenieure Daimler und Benz stellten die ersten Fahrzeuge mit Verbrennungsmotor her.

1898
UNABHÄNGIGKEIT VON KUBA
Nach dem Krieg gegen die USA verlor Spanien die Herrschaft über die Karibikinsel, Kuba wurde unabhängig.

1905
RELATIVITÄTSTHEORIE
Der Physiker Albert Einstein revolutionierte mit seiner weltberühmten Formel E=mc2 die Physik.

Die Anlage des Eixample-Viertels
Das schachbrettartig angelegte neue Stadtviertel rahmt den alten Stadtkern ein.

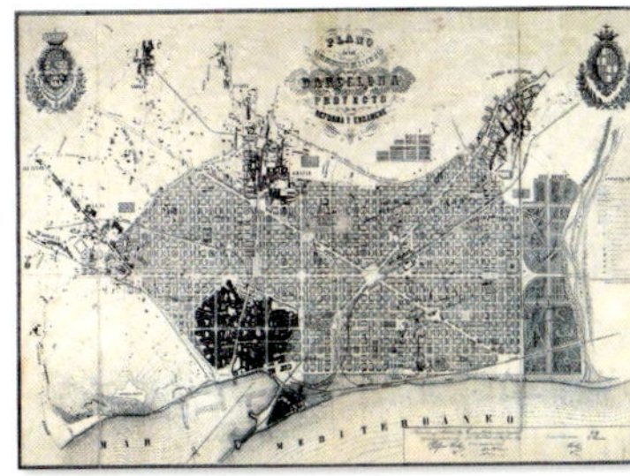

1 500
HEKTAR
die etwas genauso vielen Fußballplätzen entsprechen, waren von Ildefons Cerdà für das neue Stadtviertel vorgesehen.

Stadtplaner Ildefons Cerdà
(1815 - 1876) Er war für das Projekt zur Stadterweiterung von Barcelona verantwortlich.

Mittelalterliche Stadtmauer
1854 kam es in Barcelona endlich zur Schleifung der Stadtmauern.

Das Stadtviertel Eixample

Das Wachstum der Stadt im 19. Jahrhundert wäre ohne Abriss der alten Stadtmauern und die anschließende Stadterweiterung durch den „Eixample-Plan" nicht möglich gewesen. Der Stadtplaner Ildefons Cerdà hatte für das neue Stadtviertel ein gitterförmiges Straßennetz mit quadratischen Häuserblöcken und abgeschrägten Ecken entworfen. 1881 erwarb Bocabella einen der unbebauten Blöcke als Bauplatz für die Sagrada Familia.

1912
UNTERGANG DER TITANIC
Der größte Passagierdampfer der Welt stieß mit einem Eisberg zusammen und sank.

1918
ENDE DES 1. WELTKRIEGS
Mit der Kapitulation Deutschlands endete der 1. Weltkrieg, der fast 10 Millionen Todesopfer forderte.

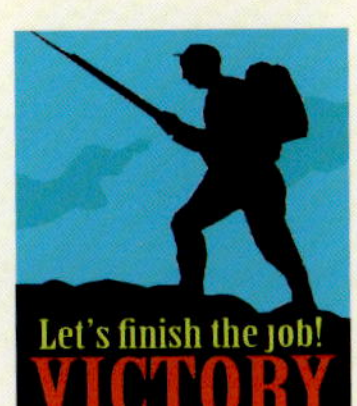

1926
GEBURTSSTUNDE DES FERNSEHENS
Dem Schotten John Logie Baird gelang die Übertragung von bewegten Bildern.

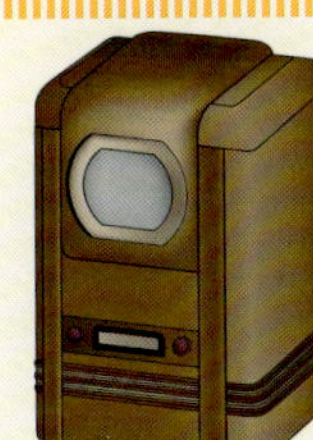

Der Bauherr

Der Bau der Sagrada Familia geht auf eine Initiative des Buchhändlers, Verlegers und Kunstmäzens Josep Maria Bocabella i Verdaguer zurück, der Gründer des Vereins „Associació de Devots de Sant Josep“ war.

Förderer
In dem offiziellen Vereinsblatt der "*Associació de Devots de Sant Josep*" war zum ersten Mal vom Bau eines Gotteshauses die Rede.

Anbetung des Heiligen Joseph

Der gebildete und fromme Bocabella war Eigentümer der alteingesessenen Buchhandlung Herederos de la Viuda Pla, in der seit dem 17. Jahrhundert insbesondere Bücher zu religiösen Themen gedruckt wurden. Als glühender Verehrer des Heiligen Joseph gründete er 1866 den Verein der Verehrer des Heiligen Joseph, um die Werte der christlichen Familie zu fördern. Vier Jahre später reiste er nach Rom, um dem damaligen Papst Pius IX. ein silbernes Bildnis der Sagrada Familia zu überreichen. Auf der Rückfahrt machte er in Loreto halt, in dem sich die Santa Casa befindet, der Legende nach das Heilige Haus von Nazaret, in dem die Muttergottes aufgewachsen war. Von der Symbolkraft dieses Wallfahrtsorts berührt kam ihm die Idee, in Barcelona eine Nachbildung der Santa Casa zu bauen. Aus dieser Idee entstand der Plan zum Bau der Basilika Sagrada Familia.

Initiator des Projekts
Josep Maria Bocabella (Barcelona 1815-Barcelona 1892) starb, als der Bereich der Krypta fertiggestellt war.

Josep Maria Bocabella
war ein grosser Verehrer des heiligen Joseph.

1892
IN DEM JAHR
starb Josep Maria Bocabella. Er wurde in der Krypta der Sagrada Familia begraben.

Papstwappen
Das päpstliche Symbol schmückt den Pfeiler, der an die Grundsteinlegung für die Basilika erinnert.

Geburtsfassade
Darstellung der ersten Lebensjahre Jesu.

DIE SANTA CASA IN LORETO. DIE INSPIRATION VON BOCABELLA

Im italienischen Ort Loreto soll sich in der Basilika vom Heiligen Haus der Legende nach das Haus befinden, in dem die Jungfrau Maria aufwuchs und wo ihr vom Erzengel Gabriel die Geburt Jesu ankündigt wurde. Der Legende nach wurde es im 13. Jhdt. nach Loreto gebracht.

Basilika vom Heiligen Haus

Walfahrtsstä tte Loreto

Die Grundsteinlegung
Feierliche Grundsteinlegung für die neue Basilika, an der alle kirchlichen und zivilen Würdenträger der Stadt teilnahmen.

Der erste Architekt

Josep Maria Bocabella beauftragte den Architekten der Diözese Francisco de Paula del Villar mit dem Entwurf eines Bauplans. Der Architekt hatte sogar angeboten, auf sein Honorar zu verzichten.

Der neogotische Stil von Del Villar
Bocabellas eigentliche Idee sah einen exakten Nachbau der Basilika von Loreto vor, aber Del Villar überzeugte ihn davon, diesen Plan aufzugeben und stattdessen im Einklang mit dem damals populären Historismusstil eine Basilika im neogotischen Stil zu bauen. Bei seinem Entwurf orientierte er sich an den großen mittelalterlichen Kathedralen. Er plante eine Kirche mit drei Schiffen mit dem Grundriss eines lateinischen Kreuzes, eine ausgedehnte Krypta, eine Apsis mit sieben Kapellen und einen 85 m hohen schlanken, spitz zulaufenden Glockenturm über dem Eingangsportal. Gaudís höchster Turm sollte doppelt so hoch werden. Die zusätzlich vorgesehenen Strebepfeiler und große wabenförnige Fenster gaben dem Entwurf eine eindeutige gotische Note. Die Grundsteinlegung fand am 19. März 1882, dem Namenstag des Heiligen Joseph, statt, anschließend wurde mit dem Bau der Krypta begonnen.

Francisco Del Villar
Der Architekt Del Villar (Murcia 1828 - Barcelona 1901) war vor Gaudí mit dem Bau der Sagrada Familia beaufragt wurden.

Neogotischer Stil
Der Plan von Francisco Del Villar sah eine prächtige Hauptfassade mit breiter Vortreppe und fünf Eingangsportalen vor.

DEL VILLAR. SEIN HAUPTWERK

Die zwischen 1876 und 1884 im neoromanischen Stil erbaute Apsis des Klosters Montserrat ist das bekannteste Werk von Del Villar. Gaudí war sein Bauzeichner.

1882
IN DEM JAHR
erfolgte nur wenige Monate nach dem Kauf des Grundstücks die Grundsteinlegung für die Basilika Sagrada Familia.

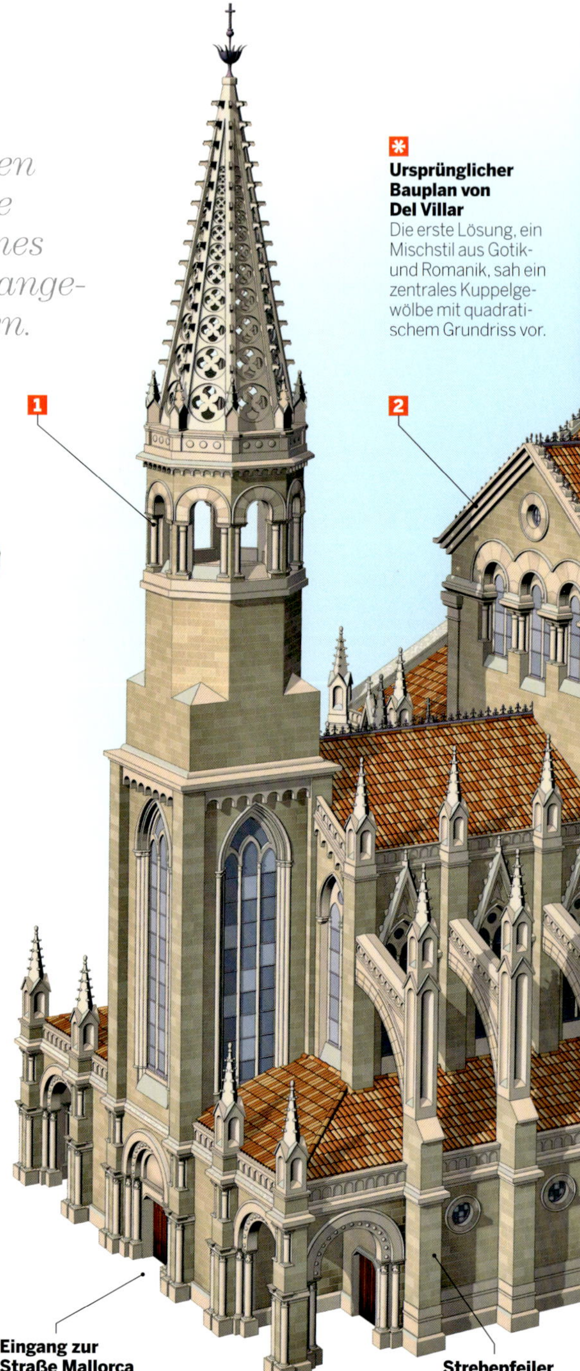

Ursprünglicher Bauplan von Del Villar
Die erste Lösung, ein Mischstil aus Gotik- und Romanik, sah ein zentrales Kuppelgewölbe mit quadratischem Grundriss vor.

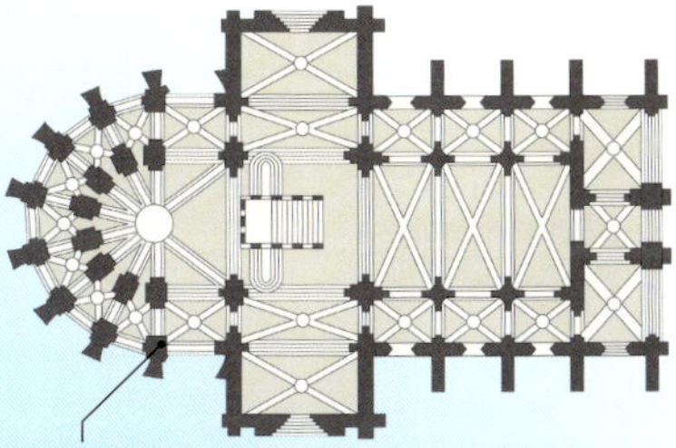

Grundriss. Schiffe mit Transept und Apsis

1

Der Glockenturm
Der Entwurf des ersten Architekten Del Villar sah einen 85 Meter hohen Glockenturm über dem Eingangsportal vor.

2

Kuppel mit quadratischem Grundriss

Die Apsis
Sieben im Halbkreis angeordnete Kapellen, wie im endgültigen Bauplan, die aber niedriger sein sollten als im anschließenden Entwurf von Antoni Gaudí.

Rosette im mittelalterlichen Stil

Seiteneingang an der Ostseite

Bauarbeiten im Jahr 1882. Der erste Bauabschnitt war die Krypta.

Zeichnung des ersten Architekten
Del Villar entwarf mindestens drei Versionen für die Basilika.

1885
IN DEM JAHR
wurde in der Krypta der Sagrada Familia die erste Messe abgehalten.

Rücktritt von Del Villar

Kaum ein Jahr nach Beginn der Bauarbeiten legte Del Villar 1883 nach Differenzen mit Bocabella und dessen Berater Joan Martorell sein Amt nieder. Del Villar bestand darauf, dass die Pfeiler der Krypta aus massiven Quadersteinen sein sollten, während Martorell und der Bauherr aus Kostengründen gemauerten und mit Steinen verkleideten Pfeilern den Vorzug gaben. Bocabella nahm den Rücktritt von Del Villar schließlich an, weil er fürchtete, dass dem Projekt sonst das Geld ausgehen würde.

Joan Martorell
Der Architekt und Berater von Bocabella war Lehrer von Gaudí gewesen und empfahl ihn als Nachfolger.

Die Pfeiler der Krypta. Grund für den Rückzug des Architekten Del Villar waren Differenzen mit dem Bauherren über die Bauweise.

Gaudí übernimmt das Projekt

Nach dem Ausscheiden von Del Villar bot Bocabella seinem Berater Joan Martorell die Leitung der Arbeiten an, dieser lehnte jedoch ab und empfahl stattdessen einen seiner Schüler: den 31 Jahre alten Antoni Gaudí.

Für die Casa Calvet gestalteter Stuhl
Neben seiner Tätigkeit als Architekt war Gaudí auch für seine Entwürfe im Bereich Industriedesign und dekorative Künste bekannt. Für viele seiner Häuser entwarf er auch Möbel und Dekoration.

Ein echtes Lebenswerk

Im Jahr 1883, als er von Bocabella mit der Leitung der Arbeiten an der Sagrada Familia beauftragt wurde, arbeitete Gaudí gerade an seinen zwei ersten kompletten Bauprojekten: Casa Vicens in Barcelona und El Capricho in Comillas (Kantabrien). Obwohl er erst knapp fünf Jahre Berufserfahrung vorweisen konnte, nahm Gaudí den Auftrag begeistert und selbstsicher an. Er sollte sein gesamtes weiteres Leben prägen. Und er enttäuschte das Vertrauen nicht, das sein Mentor Martorell in ihn gesetzt hatte. Gaudí wollte die Ausrichtung der Basilika ursprünglich ändern und den Bau quer auf das Grundstück setzen, um Baufläche zu gewinnen. Die Geburtsfassade sollte komplett zum Sonnenaufgang und die Passionsfassade zur Dämmerung weisen. Die Arbeiten an der Krypta waren dazu jedoch bereits zu weit fortgeschritten.

43
JAHRE WIDMETE
Gaudí insgesamt dem Bau der Sagrada Familia, die letzten zwölf Jahre davon ausschließlich.

Laterne im Park Ciutadella

Die Werkstatt von Gaudí
Mit zunehmendem Alter lebte Gaudí immer mehr für die Sagrada Familia, 1925 zog er schließlich in seine Werkstatt.

Casa Vicens (Barcelona)

El Capricho (Comillas)

Casa Batlló (Barcelona)

Park Güell (Barcelona)

“ ANTONI **GAUDÍ**

Ein Kirchenbau ist die höchste Form aller Bauwerke, danach kommt nur noch das Wohnhaus”

Gaudí zieht nach Barcelona
1868 zieht der damals 16-Jährige in die katalanische Hauptstadt, um dort Architektur zu studieren.

1878
IN DEM JAHR
machte Gaudí seinen Abschluss. Der Direktor: „Ich weiß ich nicht, ob wir den Abschluss einem Verrückten oder einem Genie verliehen haben“.

Palau Güell
Das erste Großprojekt, das Gaudí für seinen Mäzen Güell, einen katalanischen Industriellen, durchführte.

31
JAHRE ALT
war Gaudí, als der den Auftrag zur Leitung der Bauarbeiten an der Sagrada Familia erhielt.

Casa Milà
(La Pedrera) Wohnhaus am Passeig de Gràcia ist eines der bekanntesten Werke von Gaudí.

90
PROJEKTE
führte Antoni Gaudí in seinem Arbeitsleben insgesamt durch, einige davon blieben jedoch leider unvollendet.

DER WERDEGANG EINES GENIES

Kurzbiografie von Antoni Gaudí

Das Leben des mit 74 Jahren verstorbenen Gaudí prägten seine Hingabe an seinen Beruf und der frühe Verlust seiner Familie.

1852
Geburt am 25. Juni in Reus (nach anderen Quellen im Nachbardorf Riudoms).

1873
Aufnahme des Architekturstudiums

1876
Mitarbeit an dem Ciutadella-Projekt von Josep Fontserè. Tod von Bruder und Mutter.

1878
Abschluss als Architekt. Entwurf für Casa Vicens. Bekanntschaft mit Freund und Mäzen Eusebi Güell.

1882
Assistent von Joan Martorell

1883
Übernahme des Projekts Sagrada Familia. Baubeginn El Capricho und Casa Vicens.

1884
Plan für Pavellons Güell

1890
Fertigstellung des Palau Güell

1900
Casa Calvet beendet. Baubeginn Parc Güell.

1904
Renovierung der Casa Batlló

1905
Entwurf für Casa Milà (La Pedrera)

1906
Umzug mit Vater und Nichte Rosa Egea in sein Haus im Parc Güell. Der Vater stirbt kurze Zeut später.

1911
Erkrankung am Malta-Fieber und Kuraufenthalt in Puigcerdà.

1914
Unterbrechung der Bauarbeiten am Parc Güell. Gaudí beschließt, sich ausschließlich der Sagrada Familia zu widmen.

1918
Tod von Eusebi Güell.

1925
Umzug in seine Werkstatt auf der Baustelle.

1926
Am 7. Juni wird Gaudí von einer Straßenbahn angefahren und stirbt drei Tage später an den Folgen des Unfalls. Begräbnis in der Krypta der Sagrada Familia.

Der Fortschritt der Arbeiten unter Gaudís Leitung
Gaudí übernahm 1883 die Leitung der Arbeiten an der Sagrada Familia und führte diese Aufgabe 43 Jahre lang bis zu seinem Tod 1926 fort. Nur wenige Wochen nach Übernahme des Projekts hatte er den ursprünglichen Plan bereits komplett geändert, nicht nur in Bezug auf formelle und strukturelle Aspekte, sondern auch hinsichtlich Größe und Bedeutung des Projekts. Nach Umsetzung einiger kleiner aber wichtiger Änderungen an der von seinem Vorgänger begonnenen Krypta bewies Gaudí seine Genialität an der Apsis, am Kreuzgang und an der Geburtsfassade, seinem großen architektonischen Erbe. Seinen Nachfolgern hinterließ er einen detaillierten Bauplan voller Einfallsreichtum und Originalität.

02 AUF DER SUCHE NACH DEM PERFEKTEN KIRCHENBAU
Der Entwurf von Gaudí

Die Basilika Sagrada Familia zeigt die künstlerische Entwicklung Gaudí über vier Jahrzehnte hinweg.

Antoni Gaudí übernahm die Leitung der Bauarbeiten bereits im Jahr 1883 und kombinierte diese Arbeit zuerst mit seinen anderen Aufträgen, bis er sich 1914 schließlich dazu entschloss, sich ausschließlich dem Bau der Sagrada Familia zu widmen. In den folgenden zwölf Jahren bis zu seinem Tod im Jahr 1926 wurde Gaudí deutlich, dass er hier die Chance hatte, etwas zu schaffen, was den Baumeistern vergangener Jahrhunderte nicht gelungen war: den perfekten Kirchenbau. Mit diesem Ziel vor Augen konzentrierte er daraufhin seine Anstrengungen auf den Bau einer Basilika, die alle Elemente vereinen sollte, die für den Zweck eines Gotteshauses, nämlich die Feier der Messe, notwendig waren. Die Sagrada Familia reflektiert daher alle Stufen der künstlerischen Entwicklung des Architekten Gaudí. Zu seinem Streben nach Perfektion kam mit Fortschreiten des Projekts ein zunehmender Wissensschatz in Glaubensfragen. Der tiefgläubige Gaudí wurde nach und nach zu einem echten Experten zum Thema Liturgie. Dies zeigt sich an den verschiedenen Bereichen der Kirchenbaus, die wie eine große Bibel aus Stein die Geschichte und die Glaubensmysterien des Christentums darstellen. Das Äußere repräsentiert durch die Apostel, die Evangelisten, die Jungfrau und die Heiligen die katholische Kirche selbst. Das Kreuz auf dem Hauptturm symbolisiert den Triumph Jesu. Die Fassaden stehen für Geburt, Tod und Auferstehung und Glorie Jesu. Das Innere repräsentiert die Gemeinschaft aller Christen und das Kreuzschiff das himmlische Jerusalem. Antoni Gaudí vereinte seinen Glauben und sein architektonisches Genie, um die Sagrada Familia zu einem Meisterwerk von universeller Bedeutung zu machen.

Passionsfassade
An der nach Westen blickenden Passionsfassade wird der Leidensweg Christi bis zur Kreuzigung dargestellt.

Schmiedeeiserner Deckel
Mit diesem Gaudí zugeschriebenem Stück wurde ein Brunnen an der Baustelle abgedeckt .

Ein echtes Lebenswerk

Gaudí hinterließ seinen Nachfolgern einen detaillierten Bauplan für den perfekten Kirchenbau, der das Ergebnis seiner intensiven Studien zu Kirchenarchitektur und christlicher Liturgie war.

Das Proportionalitätsprinzip

Gaudís Plan sah einen Bau riesigen Ausmaßes auf einer Grundfläche in Form eines lateinischen Kreuzes mit fünf Schiffen, Kreuzschiff, Apsis, Chorumgang in Form eines Kreuzgangs, zwölf Glockentürmen, sechs Kuppeln und drei Fassaden vor: Geburtsfassade und Passionsfassade an den Transeptseiten und Glorienfassade am Beginn der Schiffe. Gaudí legte wie bei seinen anderen Projekten auch geometrische und Proportionalitätsprinzipien zu Grunde. Von einem 7,5-Meter-Modell ausgehend legte er alle Innenmaße in proportionalem Verhältnis fest. Ein Beispiel für seine Berechnungen: Innenlänge von 90 m (zwölf Mal das Modul), 60 m Breite (zwei Drittel der Länge) im Kreuzschiff und 45 Meter Breite (halbe Länge) der Schiffe.

Passionsfassade

Die heilige Familie
Diese Darstellung der Geburt Jesu befindet sich am Portal der Barmherzigkeit.

Krypta
Die Krypta unterhalb des Altarraums wiederholt die halbrunde Form der Apsis.

Steinerne Fauna an der Apsis
Einheimische Tierarten, die als unheilig galten. Die an den Mauern der Apsis kriechenden Reptilien symbolisieren das Böse.

Basilika Sagrada Familia

1 Glorienfassade

2 Jesusturm oder kuppel

3 Glockentürme
Insgesamt 12 (4 an jeder Fassade), Symbol der Apostel.

7 PORTALE
hat der der Glorienportikus. Jedes davon ist einem Sakrament gewidmet.

Denkmal des Feuers
Gaudí entwarf eine imposante mehrarmige Fackel.

Vortreppe
Aufgang von der Straße zum Glorienportal.

> ANTONI **GAUDÍ**
>
> **Jedem Betrachter fallen andere Details ins Auge: Manche sehen zuerst die Hühner, andere die Sternzeichen, Theologen sehen zuerst den Stammbaum Jesu…"**

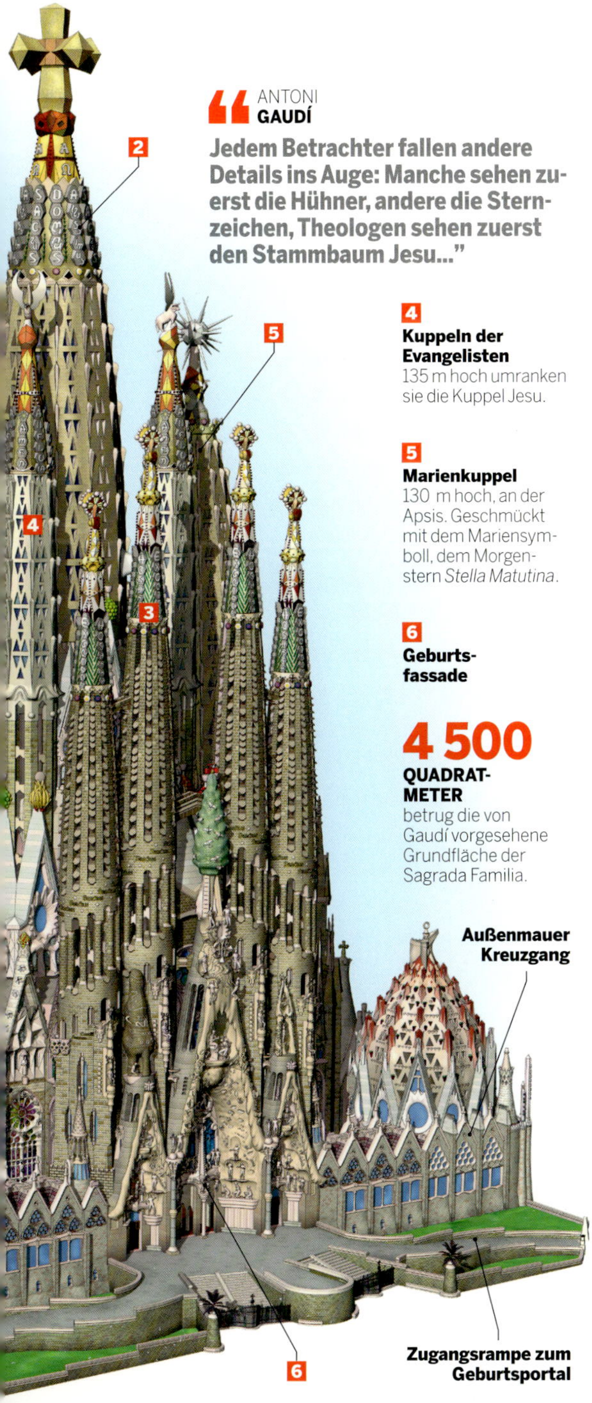

4
Kuppeln der Evangelisten
135 m hoch umranken sie die Kuppel Jesu.

5
Marienkuppel
130 m hoch, an der Apsis. Geschmückt mit dem Mariensymbol, dem Morgenstern *Stella Matutina*.

6
Geburtsfassade

4 500
QUADRATMETER
betrug die von Gaudí vorgesehene Grundfläche der Sagrada Familia.

Zentralschiff. Gaudí legte das Innere wie einen großen Wald an.

Treppe in einem der Türme

Decke des Kreuzschiffs

Himmel und Erde

Gaudí wollte die Sagrada Familia zu einem Band zwischen Himmel und Erde machen und strebte dazu die Vertikalität der Kathedralenbauten des Mittelalters an. Die Sagrada Familia sollte das höchste Gebäude in Barcelona werden. Das Kuppelgewölbe zu Ehren Jesu, das die Basilika krönt, sollte sich mit 172,5 m Höhe über alle Bauten der Stadt erheben, jedoch gleichzeitig nicht höher als ein von Gott geschaffenes Werk sein. Daher bleibt das Gebäude einen halben Meter unter der Höhe des Stadtbergs Montjuïc.

Vorentwürfe für den Kirchenbau

Das Arbeitsverfahren Gaudís basierte auf einem Anfangsentwurf, der mit Fortgang der Bauarbeiten nach Bedarf angepasst wurde. Diese Methode erwies sich für ein Projekt dieser Größenordnung als sehr geeignet.

Ständiger Wandel

Gaudí verstand seine Baurojekte als einen im ständigen Wandel begriffenen Vorgang und nahm immer wieder Änderungen an seinem Vorentwuf vor, auch noch nach Beginn der Bauarbeiten. Dies zeigte sich in den über vier Jahrzehnten, die er am Bau der Sagrada Familia arbeitete, immer deutlicher. Gaudí arbeitete oft an mehreren Projekten gleichzeitig und konnte so an kleineren Bauten mit Elementen experimentieren und die Ergebnisse anschließend auf den Kirchenbau übertragen. Beispiele dafür sind das nicht realisierte Projekt für die Franziskaner-Mission in Tanger, für die Gaudí 1892 Pläne für Kirche, Krankenhaus und Schule entwarf, sowie die nicht fertiggestellte Kirche in der Colonia Güell, bei der Gaudí zum ersten Mal maßstabsgerechte Modelle zur Simulierung selbsttragender Strukturen ohne Berechnungen verwendete.

Krypta der Colonia Güell
Gaudí probierte neue Verfahren aus, die er dann bei der Sagrada Familia anwandte, zum Beispiel die hyperbolischen Paraboloide oder die mit Gewichten behängten Seilmodelle.

Entwurf für Franziskaner-Mission
Die Form der Türme diente als Inspiration für die Sagrada Familia.

1898
IN DEM JAHR
begann Gaudí die Arbeit an dem Entwurf für eine Kirche in der Colonia Güell.

ZEICHNUNGEN. DER ORIGINALENTWURF

Der Architekt Antoni Gaudí hielt viele seine Ideen in Form von Zeichnungen und Skizzen fest. Diese im Jahr 1902 entstandene Skizze zeigt einen Aufriss der Sagrada Famila von der Westseite aus gesehen, die Glorienfassade ist dabei perspektivisch verkürzt dargestellt.

Der Platz
rund um die Kirche. Gaudí hatte für die unmittelbare Umgebung der Kirche einen sternförmigen Platz vorgesehen, von dessen vier Spitzen die ganze Sagrada Familia, einschließlich Jesusturm zu sehen sein sollte.

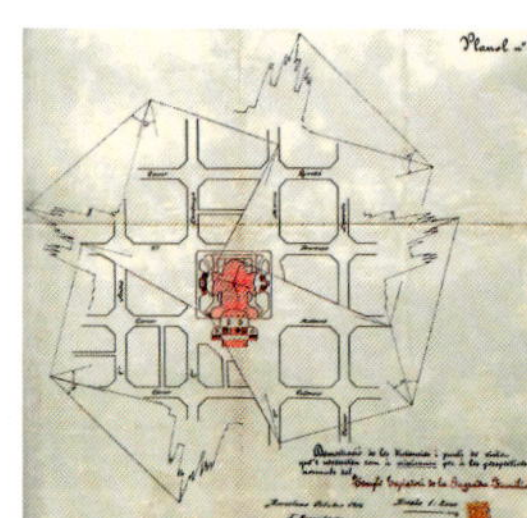

1
Vortreppe am Eingang

2
Spitze der Spindeltürme

3
Taube
Symbol für die Heilige Coloma und den Frieden

1906
IN DEM JAHR
veröffentlichte die Zeitung *La Veu de Catalunya* den Entwurf für die komplette Basilika.

Modell-Werkstatt. Bevor mit der Fertigung eines Bauelements der Basilika begonnen wurde, ließ Gaudí maßstabsgerechte Modelle herstellen.

Studienmodell
Das maßstabsgerechte Modell eines Engels, der später die Geburtsfassade schmücken sollte.

Das Modell als Basis

Von seinem generellen Entwurf ausgehend entwickelte Gaudí die Pläne für die einzelnen Elemente der Kirche. Architektonische Herausforderungen löste er durch Modelle im Maßstab 1:10 und 1:25, die in seiner Werkstatt standen. Nach Gaudís Tod wurde seine Werkstatt 1936 zu Beginn des Bürgerkriegs Opfer der Flammen, und fast alle Pläne und Entwürfe gingen verloren. Die Modelle konnten jedoch restauriert werden und dienten als Vorlage, um den Bau in Übereinstimmung mit dem Bauplan Gaudís fortzuführen.

Fotovorlagen
Um die Skultpuren für den Kirchenbau so lebensecht wie möglich zu gestalten, ließ Gaudí Personen, Puppen und Bauskelette fotografieren, damit die Bildhauer die Fotos als Modelle nutzen konnten.

Bauskelett

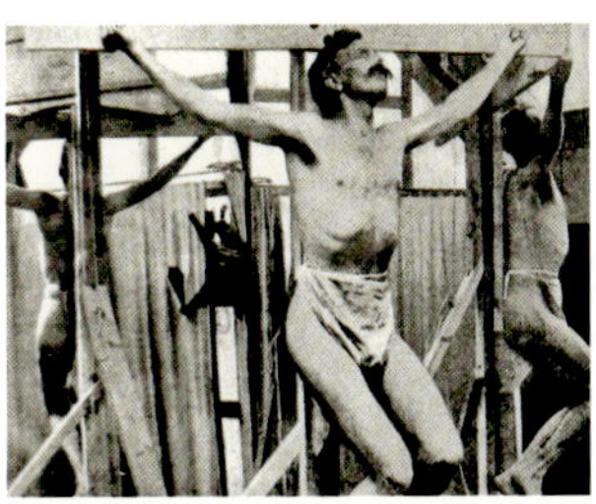

Modell für Christusdarstellung

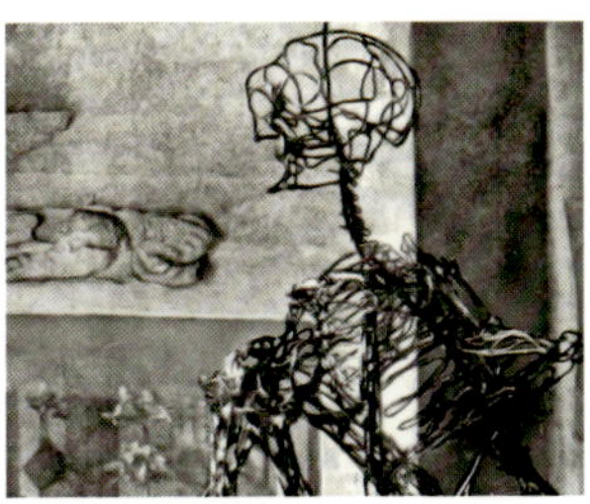

Puppe aus Draht

Revolutionäre Struktur

Der spirituelle Wald, den Gaudí als Umgebung zu Gebet und innerer Einkehr schaffen wollte, ist die Krönung seines architektonischen und künstlerischen Schaffens.

Neuerfindung der Gotik
Vorbild Gaudís waren die großen mittelalterlichen Kathedralen. Beim Bau der Sagrada Familia interprierte er die Gotik neu, um durch Höhe und Licht die enge Verbindung zwischen dem Himmlischen und dem Irdischen zu symbolisieren. Zu diesem Zweck waren große, hohe Kirchenfenster notwendig, so dass das Gewicht des Gebäudes nicht von den Außenmauern gestützt werden konnte. Nach langjährigen Studien entwickelte Gaudí als Tragstruktur schließlich die Bäumen nachempfundenen Säulen. Bei diesem damals vollkommen neuartigem System wird das Gewicht von der Krone an den Boden übertragen.

Struktur der Schiffe
Die schlanken Säulen im Mittelschiff sind leicht geneigt, um das Gewicht der Decke absorbieren zu können.

Wald
Gaudí nahm sich Bäume als Vorbild für die Gestaltung des Gewölbes und der Säulen von Mittel- und Seitenschiffen.

60
METER
hoch ist die Kreuzschiffdecke, damit ist sie die höchste Decke der Kirchenschiffe der Sagrada Familia.

Seilmodell von Colonia Güell
Mit diesem intuitive Verfahren ließ sich die Tragstruktur der Schiffe der Basilika bestimmen.

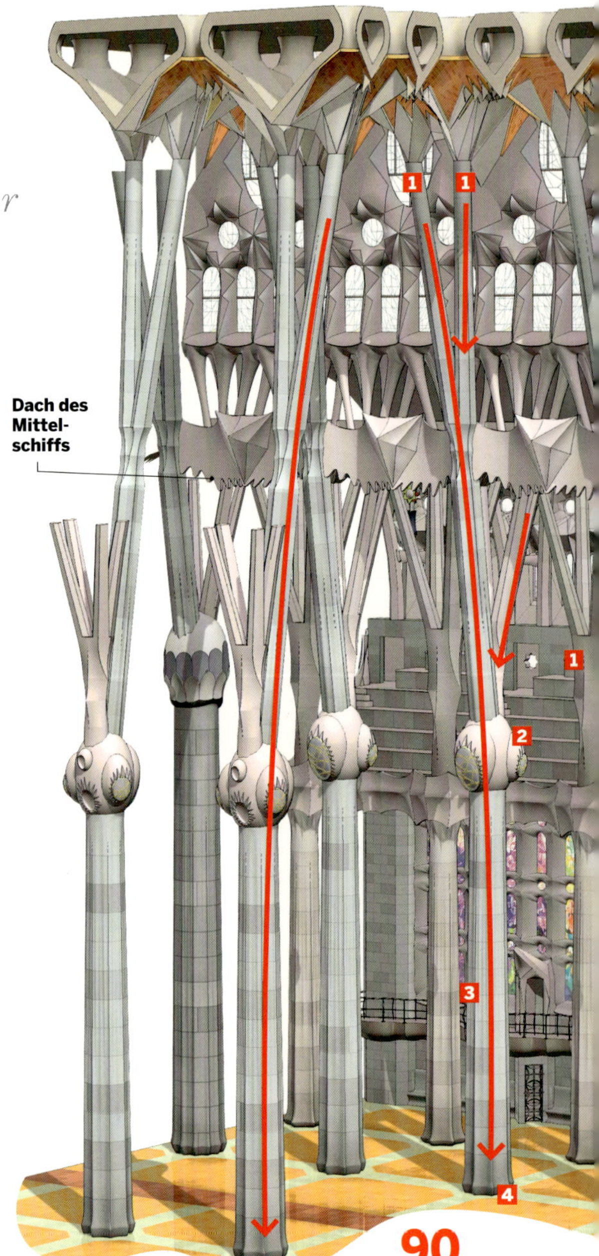

1 Äste der Säulen
Die eleganten Säulen tragen die Last des Gewölbes.

90
METER
lang ist das Innere der Sagrada Familia zwischen Glorienfassade und Apsis.

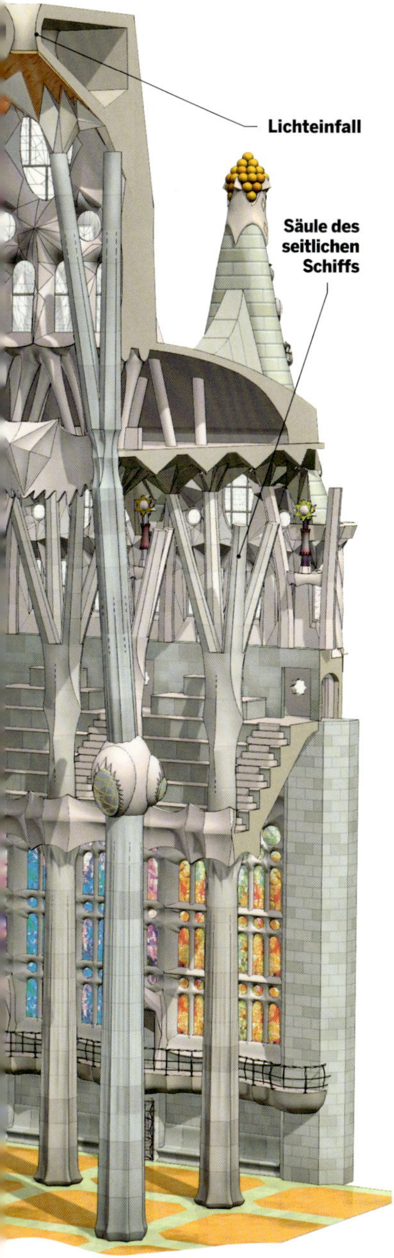

Das Mittelschiff
Das 45 m hohe imposante Mittelschiff wird von zwei Säulenreihen gestützt. Die schlanken Säulen erinnern mit ihrer Form an Bäume.

2
Die Knoten
Sie absorbieren das Gewicht von Mittel- und Seitenschiff. Vorbild war der Übergang zwischen Stamm und Krone eines Baumes.

Das Seilmodell

Die ursprünglichen gotischen Kathedralen waren sehr hoch. Der Bau in die Höhe war nur möglich, weil das Gewicht ihres Dachgewölbes von starken Strebepfeilern absorbiert wurde. Um diese von ihm als unschön empfundenen Stützpfeiler zu vermeiden, entwickelte Gaudí ein neues System: er baute zuerst ein Modell aus Seilen, diese spannte er dann mit Gewichten. Die so gepannten Seile beschrieben „Funículas“ genannte Bögen, deren Verlauf Gaudí anschließend als Vorlage für die selbsttragenden Strukturen nahm. Zum Schluss fotografierte er das Modell und drehte das Foto dann um und hatte damit die Vorlage für seine Struktur.

DIE DREI LÖSUNGEN. ENTWICKLUNG VON STRUKTUR DER SCHIFFE

3
Säulenschaft
Der Schaft ist der Hauptabschnitt einer Säule.

4
Basis der Säule
Überträgt die Last an das Fundament.

Riesige Dimensionen

Obwohl die Basilika nur einen Häuserblock des Eixample-Viertels einnimmt, ist sie dennoch insbesonders durch ihre Höhe eine imposante Erscheinung.

LÄNGE EINES FLUGZEUGS
Die Boeing 747, eines der größten Flugzeuge der Welt, sähe klein aus neben den Türmen.

70,66 m

6
KUPPELN
Vier Kuppeln sind den Evangelisten gewidmet, eine Jesus und die Kuppel über der Apsis der Jungfrau.

12
GLOCKENTÜRME
überragen die drei Fassaden der Sagrada Familia, sie symbolisieren die zwölf Apostel.

172,5
METER
hoch ist die Jesus-Kuppel, damit ist die Kuppel der höchste Punkt des Bauwerks.

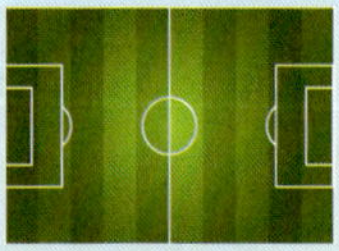

110 m

Fußballplatz
Die Sagrada Familia ist so lang wie ein Fußballplatz.

28
GIRAFFEN
übereinandergesetzt wären sie so hoch wie die Jesus-Kuppel.

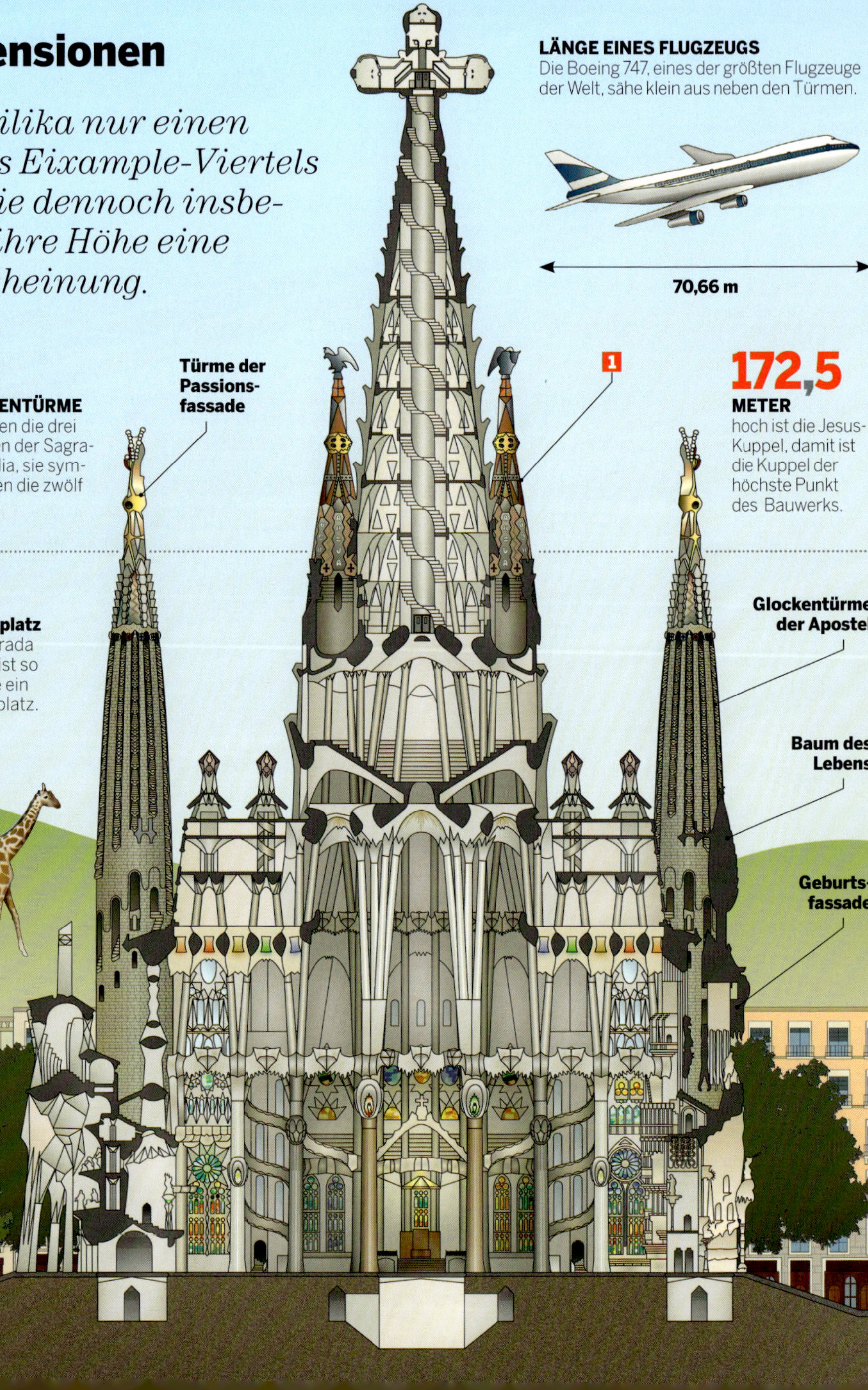

HÖHE ANDERER KIRCHEN

69 M

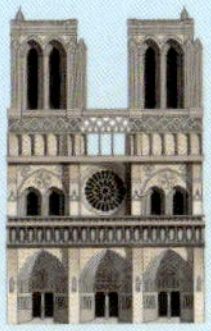

137 M

157 M

VERGLEICH MIT ANDEREN BAUTEN

St.-Pauls-Kathedrale, London	27 000 m²
Kathedrale von Sevilla	23 400 m²
Peterskirche im Vatikan	23 000 m²
Kathedrale von Mailand	12 000 m²
Hagia Sophia, Istambul	10 000 m²
Kölner Dom	7 000 m²
Nôtre Dame, Paris	4 800 m²
Basilika Sagrada Familia	**4 500 m²**

135
METER
hoch sind die Kuppeln der Evangelisten und damit fünf Meter höher als die Marienkuppel.

130
METER
hoch sind die zwölf schlanken Türme der Apostel, die als Glockentürme dienen.

14 000
PERSONEN
einschließlich Chor haben insgesamt während einer Messe in der Sagrada Familia Platz.

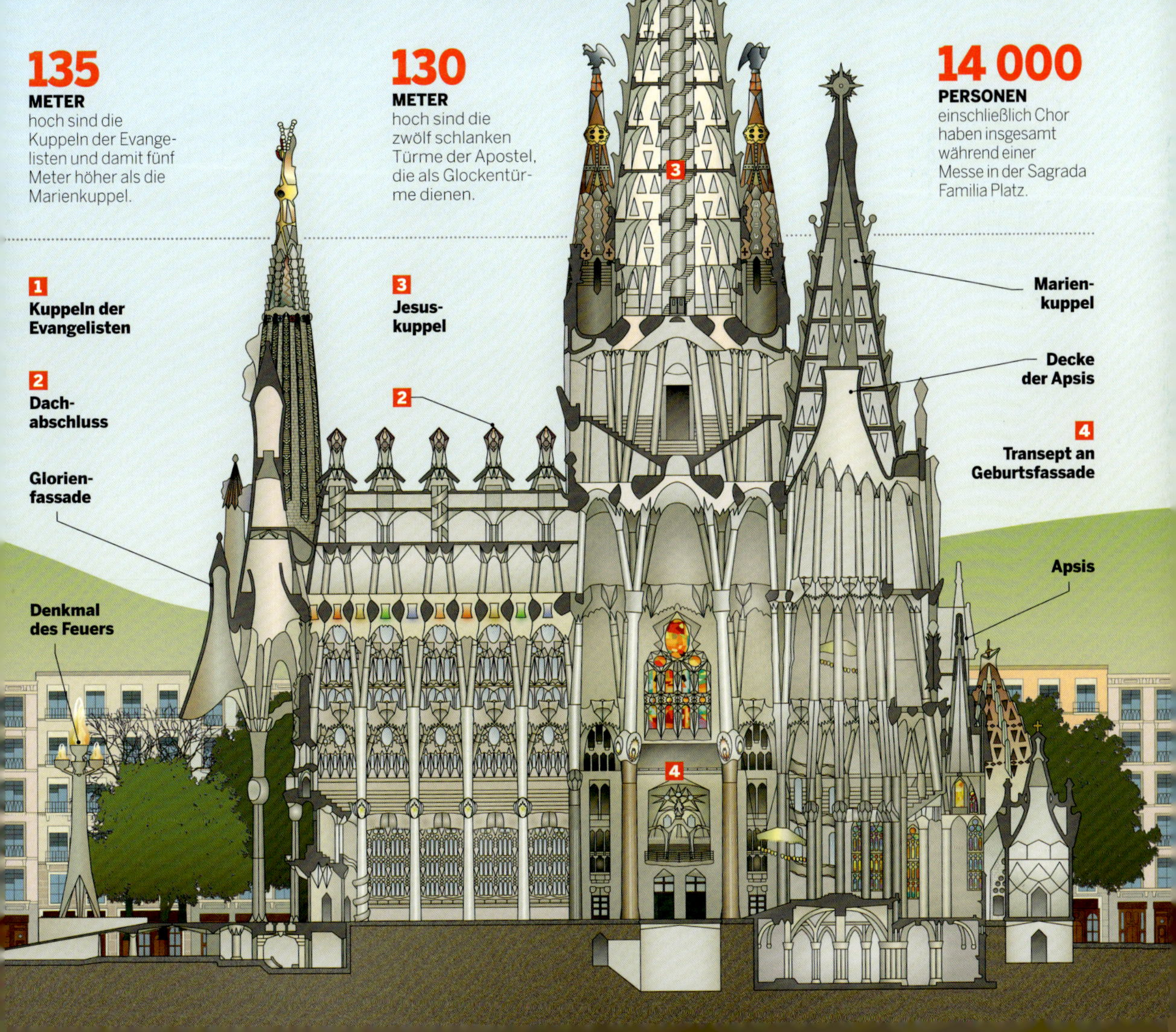

03 DIE GRUFT DER BASILIKA Krypta

Nach Übernahme der Bauleitung drückte Gaudí der von Villar geplanten Krypta bald seinen Stempel auf.

Das Wort Krypta bedeutet auf Griechisch ‚*die Verborgene*' und bezeichnet einen unter dem Chor oder unterhalb des Altars einer Kirche befindlichen Raum. Besonders mittelalterliche Kirchen hatten üblicherweise eine Krypta. Vorbilder der Krypta waren die zu frühchristlicher Zeit angelegten unterirdischen Grabanlagen, in denen die Reste der Märtyrer begraben wurden, um sie in der Zeit der Christenverfolgung vor Grabschändung zu schützen. In späteren Jahrhunderten wurden über diesen Grabstätten oft Kirchen errichtet, in denen die heilig gesprochenen Märtyrer verehrt wurden. In den frühen Krypten befand sich daher entweder das Grab oder die Reliquie eines Märtyrers. Das unterhalb der Kirche liegende Kryptagewölbe wird von starken Säulen abgestützt, die auch das Gewicht des darüberliegenden Gebäudes tragen müssen. In der Regel verläuft die Krypta unter dem Hauptaltar der Kirche, und ihr Grundriss entspricht dem des Altarraums. Aufgrund ihrer unterirdischen Lage fällt in sie kein Tageslicht ein. Gaudí baute auf seinem historischen und architektonischen Wissen auf und prägte die von seinem Vorgänger Francesc Del Villar ein Jahr zuvor begonnenen Bauarbeiten schon bald mit seinem unverwechselbarem Stil. Zwar war er bei Übernahme des Projekts entschlossen, den neogotischen Stil seines Vorgängers beizubehalten, er schaffte es jedoch dennoch, diesen traditionell dunklen, geschlossenen Raum mit niedrigen Decken in einen offenen Raum mit Lichteinfall zu verwandeln. Auf diese Weise entstand ein für die Feier der Heiligen Messe geeigneter Raum, in dem seit 1930 die Gemeinde der Sagrada Familia ihren Sitz hat. Die Krypta wurde 2005 zur UNESCO-Welterbestätte erklärt.

Chorumgang
Ein halbrunder Gang mit gotischem Kreuzrippengewölbe, der die sieben Seitenkapellen vom mittleren Bereich der Krypta trennt.

Symbole
Antoni Gaudí verwendete zur Dekoration der Krypta Materialien verschiedener Art und folgte dabei einer strengen Symbolik.

Die ersten Entscheidungen Gaudís

Antoni Gaudí setzte sein ganzes architektonisches Können ein, um die Krypta zu verbessern, ohne den Grundriss und die Anordnung der Säulen zu ändern, die sein Vorgänger bestimmt hatte.

Beleuchtung
Gaudí entwarf viele der Lampen der Krypta selbst, wie die in den Kapellen, die um den Altar herum liegen.

Struktur der Krypta

Mit dem Aushub des Bodens für die Krypta wurde am 19. März 1882, dem Tag des heiligen Josef, begonnen. Die Bauleitung hatte damals noch der Architekt Francesc Del Villar, der nur wenige Monate später sein Amt niederlegen sollte. Sein Nachfolger wurde schon 1883 der junge Gaudí, der eigentlich große Änderungen an Struktur und Platzaufteilung vorgesehen hatte, diese aus finanziellen Erwägungen aber nicht verwirklichen konnte und daher mit den Vorgaben seines Vorgängers arbeiten musste. Daraus ergab sich diese Anlage der Krypta: sieben im Halbrund angeordnete Absidenkapellen –eine davon dem heiligen Joseph gewidmet–, Chorumgang, großer Mittelbereich und weitere fünf Kapellen am Mittelaltar.

Kirchenfenster
Dank des Grabens um die Krypta konnten in die neogotischen Fensteröffnungen Scheiben eingesetzt werden.

11
SÄULENPFEILER
bilden jeweils eine der mächtigen Stützsäulen, die das Gewölbe der Krypta tragen.

Weihwasserbecken
Das Becken ist eine Muschel von den Philippinen, die in einer Eisenstruktur sitzt.

Struktur
Die Absidenkapellen liegen zwischen den Stützsäulen, auf denen das Gewölbe der Krypta ruht.

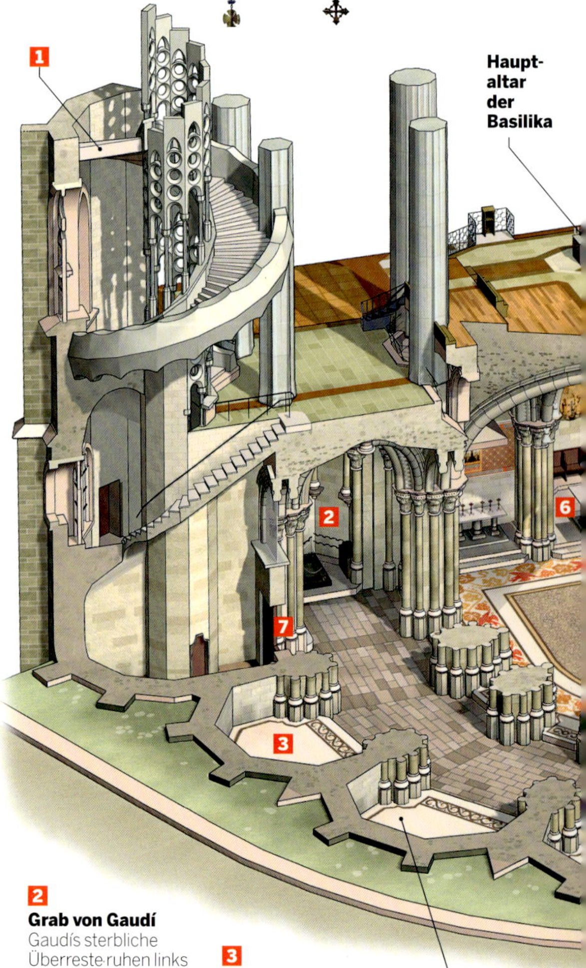

1 Wendeltreppe am Eingang

Hauptaltar der Basilika

2 Grab von Gaudí
Gaudís sterbliche Überreste ruhen links vom Altar in der Kapelle Nuestra Señora del Carmen.

3 Kapelle von Santa Anna und Sankt Joachim

Kapelle des Evangelisten Johannes

1891
IN DEM JAHR
wurde scjließlich nach fast zehnjährigen Bauarbeiten die Struktur der Krypta fertiggestellt.

9
METER
tief wurde der Boden an der Stirnseite des Kirchenbaus ausgehoben, um die Krypta anzulegen.

5
Rippen des Kreuzgewölbes
Die Krypta wird von einem Kreuzrippengewölbe, teils einfach, teils doppelt angelegt, überdacht.

4
Josefs-Kapelle
Die mittlere Absidennische wurde als erste Kapelle 1885 vollendet und enthält eine Darstellung des Heiligen.

Der Mittelaltar. Der Mittelaltar liegt unter dem Hauptaltar der Basilika.

Tür der Sakristei
Mit Metallornamenten dekoriert.

2
METER
hoch ragt die Krypta in das Innere der Kirche hinein.

Gaudís Änderungen

Der Architekt nahm schließlich doch einige Änderungen an dem Entwurf von Del Villar vor. So ließ er zum Beispiel einen Graben um den Umfang der Krypta anlegen, der für bessere Belüftung und mehr Licht sorgen sollte. Zu dem gleichen Zweck erhöhte er die Gewölbe im Zentrum der Krypta und brachte Fenster an, die ins Kircheninnere unter dem Hauptaltar öffnen und das Tageslicht der Schiffe einlassen. Neben der Struktur änderte er auch die Säulen, deren Kapitelle er mit Naturmotiven dekorierte.

CHRONOLOGIE. BAUPHASEN DER KRYPTA

1882
Baubginn
Nach Grundsteinlegung wird mit dem Aushub begonnen.

1885
Fortschritte
Die erste heilige Messe am Josefsaltar wird gefeiert.

1936
Bürgerkrieg
Im Bürgerkrieg wurden viele Teile des Baus zerstört.

Die zwölf Kapellen

Die Krypta beherbergt zwölf Kapellen: sieben davon folgen dem Profil der Apsis und sind Angehörigen der Familie Jesu gewidmet, fünf weitere liegen an der Vorderwand und eine befindet sich am Hauptaltar.

Kapitelle mit Pflanzenmotiven
Einer der ersten stilistischen Eingriffe Gaudís bestand in der Verzierung der Säulenkapitelle mit Naturmotiven.

Der heiligen Familie gewidmet
Die Kapellen der Krypta unterteilen sich in zwei Gruppen. Die Absidenkapellen sind besonders den Angehörigen der heiligen Familie gewidmet: den Heiligen Elisabet und Zacharias, Cousins von Maria, der Immaculata, dem heiligen Josef, Patriarch der heiligen Familie und Schutzpatron des Bauvereins, dem Heiligen Herz Jesu, den Eltern Marias Sant Joachim und Santa Anna, Johannes dem Täufer, Sohn von Elisabet und Zacharias, und dem Evangelisten Johannes. An der gegenüberliegenden Wand platzierte Gaudí weitere fünf Kapellen, von denen eine als zentraler Altar dient. Diesen schmückt eine Reliefdarstellung der heiligen Familie im Modernisme-Stil. Die Seitenkapellen sind Nuestra Señora de Carmen und dem Heiligen Christus gewidmet. Hier befinden sich auch die Grabstätten von Antoni Gaudí und Josep Maria Bocabella.

Reliefdarstellung der heiligen Familie
Das Altarbild des Hauptaltars stand zuerst in der Kapelle der Casa Batlló.

Josefs-Kapelle
Modell von Gaudí, das zeigt, wie die Kapelle aussehen sollte.

1892
IN DEM JAHR
starb Josep Maria Bocabella. er wurde in der Krypta begraben.

Kapelle des Heiligen Christus

Josefs-Kapelle

Kapelle des Heiligen Herzen

Kapelle der Jungfrau Carmen

Bodenmosaik der Krypta
Ein Werk des Italieners Mario Maragliano. Das Bodenmosaik der Krypta ist eine Allegorie des Sakraments der Eucharistie.

Symbolische Dekoration

Das außerordentliche künstlerische Genie von Antoni Gaudí wird in der Krypta an den vielen Zierelementen deutlich, die in Stein gehauen, als Mosaik, in schmiedeeisener Form, in Glas und anderen Materialien vorkommen.

Künstler und Handwerker

Da Gaudí an der von seinem Vorgänger entworfenen Grundstruktur nur wenig ändern konnte, konzentrierte er sich auf die Dekorationselemente und deren Symbolik, um der Krypta eine eigene Identität zu verleihen. Die ursprünglich vorgesehenen korinthischen Ornamente der Kapitelle ersetzte er durch Pflanzenmotive, die seinem Konzept der naturnahen Architektur entsprachen. Nachdem die Struktur der Krypta abgeschlossen war, entwarf er unter Aufsicht von Bocabella und mit Hilfe zahlreicher Künstler und Handwerker seines Vertrauens die Dekoration der Kapellen. Gaudí ließ Engel mit Flügeln als Säulenfüße anfertigen, schlug das Thema des Bodenmosaiks in der Mitte vor und entwarf die Tür der Sakristei und die Schlusssteine, die alle Gewölbedecken krönen, sowie außerdem die Fenster und die Lampen in den Kapellen.

Engel mit Flügeln
Die Engel in den sieben Absidenkapellen nehmen Bezug auf die Johannesoffenbarung.

Bemalter Stein

Engel mit sechs Flügeln

28
ENGEL
mit zwei, vier oder sechs Flügeln schmücken die Kragsteine der Säulen in den Absidenkapellen der Krypta.

Pult
Das schmiedeeisene Pult ist ein Werk von Antoni Gaudí.

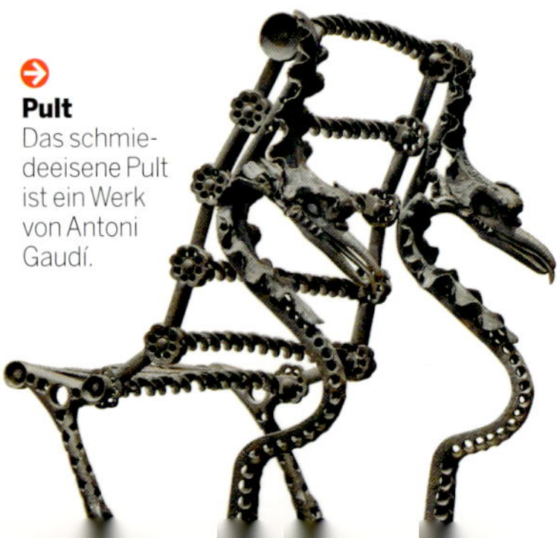

Die heilige Familie

Christus-Kapelle

Kapelle Montserrat

Naturmotive
Für alle Bereiche der Krypta sah Gaudí eine reiche Dekoration mit Pflanzenmotiven wie Blumen, Zweigen und Blättern vor.

Heiligenschein
Er ist goldfarben angemalt.

Die Flügel umarmen den Engel

Polychromie
In der Josefs-Kapelle befindet sich der einzige Engel, den Gaudí im Stil der Skultpuren der gotischen Kathedralen bemalt hat.

1 Fenster
Die farbenprächtigen Kirchenfenster tragen Muster mit Naturmotiven.

2 Kapelle des Montserrat
Freske des heiligen Bergs von Katalonien an der Kryptawand.

3 Verzierte Mauern
Farbige Reliefs und Basreliefs schmücken die Wände der Krypta

Josefs-Kapelle
Mosaik, Teil des Satzes „Ora pro nobis", der an den Seiten der Heiligen zu sehen ist.

40×30 METER
sind die Innenabmessungen der halbrunden Krypta unterhalb des Altars des Gotteshauses.

1

2

3

Mosaik in Christus-Kapelle

KAPELLE DER CARMEN. GRABSTÄTTE VON GAUDÍ

Die mit einer Marienfigur geschmückte Seitenkapelle Nuestra Señora de Carmen am linken vorderen Ende der Krypta beherbergt das Grab von Antoni Gaudí, das, wie der Architekt es zu Lebzeiten bestimmt hatte, mit einem schlichten schwarzen Grabstein gekennzeichnet ist.

Sockel

Jungfrau Carmen

Das Kreuzgewölbe

Das Gewölbedach der Krypta wurde von Gaudí geändert, um den Originalentwurf zu verbessern. Von einem klassischen Kreuzgewölbe im gotischen Stil ausgehend kombinierte er bei seinem Entwurf Funktion und Schönheit.

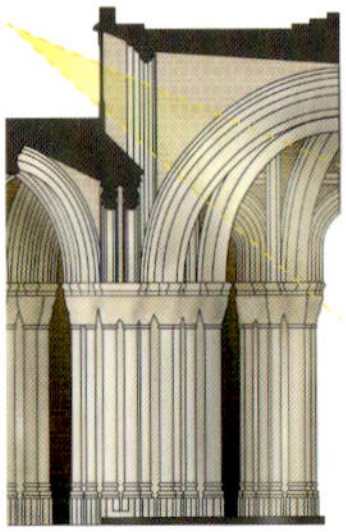

Krypta mit viel Licht
Indem Gaudí den Mittelteil der Krypta erhöhte, sorgte er dafür, dass mehr natürliches Licht einfallen konnte.

Das Gewicht der Kirche

Die unterirdisch gelegene Krypta trägt das enorme Gewicht der Mauern der Apsis auf zwei konzentrischen Säulenreihen. Die mächtigen oval geformten Stützsäulen bilden gotische Bögen und tragen die Last von insgesamt 22 Kreuzrippengewölben, die typisch für den gotischen Baustil sind. Zehn davon bedecken die Kapellen, weitere elf bilden den Chorumgang. Das größte Gewölbe bedeckt die Kryptamitte mit einer komplexen radialen Form mit zwölf Rippe, die in einem großen zentralen Schlussstein enden, der mit einer Darstellung von Mariä Verkündigung von Joan Flotats geschmückt ist. Das mittlere Deckengewölbe ragt zwei Meter über die anderen Gewölbe hervor. Dies gestattete dem Architekten Fensteröffnungen an den Bögen anzubringen, die für mehr Lichteinfall und eine bessere Belüftung sorgen.

Mittleres Deckengewölbe. Dank der erhöhten Anlage fällt mehr Licht ein.

22
SCHLUSSSTEINE
Die farbig dekorierten Schlusssteine krönen das Gewölbe der Krypta der Sagrada Familia.

Detail
Dekoration an einem Ende der Grate der Gewölbedecke.

Reliefdarstellung auf Schlussstein
Das farbige Bildnis der Mariä Verkündigung ist ein Werk von Joan Flotats.

Schlusssteine der Gewölbedecke

Schlussstein Chorumgang

Schlussstein Johanniskapelle

Schlussstein Josefs-Kapelle

Schlussstein Immaculata-Kapelle

Sanctus
Sanctus

Die Engel der Kryptadekoration. Engel spielen in dem Symbolkonzept, das Gaudí und Bocabella für die Krypta vorgesehen hatten, eine besonders wichtige Rolle. Sie zieren in Stein gehauen die Kragsteine der Kapellen, als Reliefs die Schlusssteine des Chorumgangs und sind auch auf den bunten Kirchenfenstern dargestellt, die in den Graben um die Krypta blicken. Diese Engel mit zwei, vier oder auch sechs Flügeln, die teilweise Trompeten halten, spielen alle auf die visonären Bilder vom Jüngsten Gericht in der Offenbarung des Johannes an.

04 PERFEKTIONIERUNG DER GOTIK
Die Apsis

Antoni Gaudí widmete die Fassade der Apsis der von ihm besonders verehrten Jungfrau Maria.

In den insgesamt 43 Jahren, die Gaudí mit dem Bau der Sagrada Familia beschäftigt war, vertieften sich sein Glaube und seine Religiosität durch den ständigen Kontakt mit dem Gotteshaus und dem Schöpfer immer mehr. Aber bereits als junger Mann hatte er eine besondere Verehrung für die Jungfrau Maria gefühlt, die als „Barmherzige Maria" (*Virgen de la Misericordia*) Schutzpatronin seiner Heimatstadt Reus war. In der zweiten Hälfte des 19. Jahrhunderts erlebte die Marienverehrung in Europa eine besondere Hochzeit, nachdem Papst Pius IX. im Jahre 1854 das Dogma der unbefleckten Empfängnis (*Immaculata conceptio*) verkündet hatte. Da Gaudí selbst seit jeher ein großer Marienverehrer gewesen war, beschloss er, die gesamte Fassade der Apsis mitMarienturm, Apsis und Mariä-Himmelfahrts-Kapelle der Muttergottes zu widmen. Die sieben Innenkapellen an der Kopfseite widmete er auf ausdrücklichen Wunsch seines Auftraggebers Josep Maria Bocabella den „Sieben Leiden und Freuden des heiligen Josef" (*Siete Dolores y los Gozos de San José*). Antoni Gaudí, der ein grosser Kenner der Kirchenarchitektur und der christlichen Symbolik war, verlieh jeder der Fassaden der Sagrada Familia eine bestimmte Symbolkraft, die sich auch an den Elementen zeigt, mit denen sie dekoriert sind. An der Fassade der Apsis herrschen daher Mariensymbole vor. Im Einklang mit seinem Gesamtkonzept beschloss der Architekt, eine der sechs für den Bau vorgesehenen Kuppeln an diesem Ende zu platzieren: einen imposanten 130 m hohen Turm, der von einer Figur der *Stella Matutina* (Morgonstern) gekrönt wurde. Der Morgenstern, der den Beginn des neuen Tages symbolisiert, gilt seit altersher als Mariensymbol.

Gaudís Neogotik
Die Apsis der Sagrada Familia folgt den Baukonzepten der Gotik, Gaudí setzte jedoch wichtige Neuerungen bei der Volumetrie des Bauwerks um.

Symbolik
Gaudí vervollständigte die Dekoration Apsismauern mit Darstellungen von Kriechtieren und Pflanzen.

Gotik neu erfunden

Bei Planung der Apsis entwickelte Gaudí den neogotischen Stil seines Vorgängers weiter und orientierte sich am Naturalismus, bei dem Tiere und Pflanzen eine wichtige Rolle spielen.

Traditionelle Struktur

Schon die Basiliken der römischen Kaiserzeit hatten eine *Absidia*, und seit dieser Zeit ist die halbrunde Apside ein für den christlichen Kirchenbau charakteristisches Element. Der traditionellen Form folgend ist die Apsis der Sagrada Familia halbrund angelegt, diese Form soll die Aufmerksamkeit der Gläubigen auf den in der Mittelachse platzierten Hauptaltar richten. Indem Gaudí die von seinem Vorgänger entworfene neogotische Struktur der Krypta akzeptierte, übernahm er den Grundriss gleichzeitig für die Apsis, denn diese ist eigentlich nichts anderes als die Projektion der Krypta auf die darüberliegende Ebene. Wie bei der Krypta auch ergeben sich aus dieser Anlage sieben Seitenkapellen.

Ordensgründer
Ihre Figuren stehen in den Nischen der Apsis.

Gotische Formen
Gaudí verwendete gotische Stlelemente wie Fialen-Türmchen.

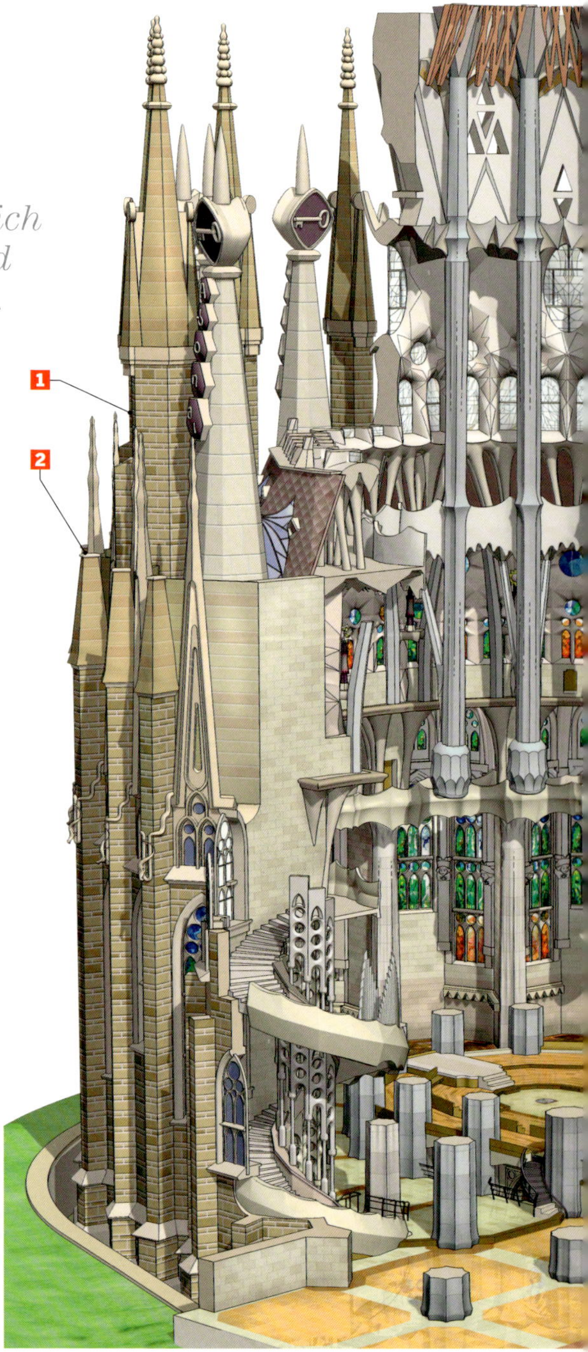

CHRONOLOGIE. 3 JAHRE BAUZEIT

1891
Baubeginn
Die Krypta ist Vorlage für den Grundriss der Apsis.

1892
Mauer
So sah die halbrunde Struktur der Apsis aus.

1893
Fialen
Die schlanken Türmchen krönen diesen Bauabschnitt.

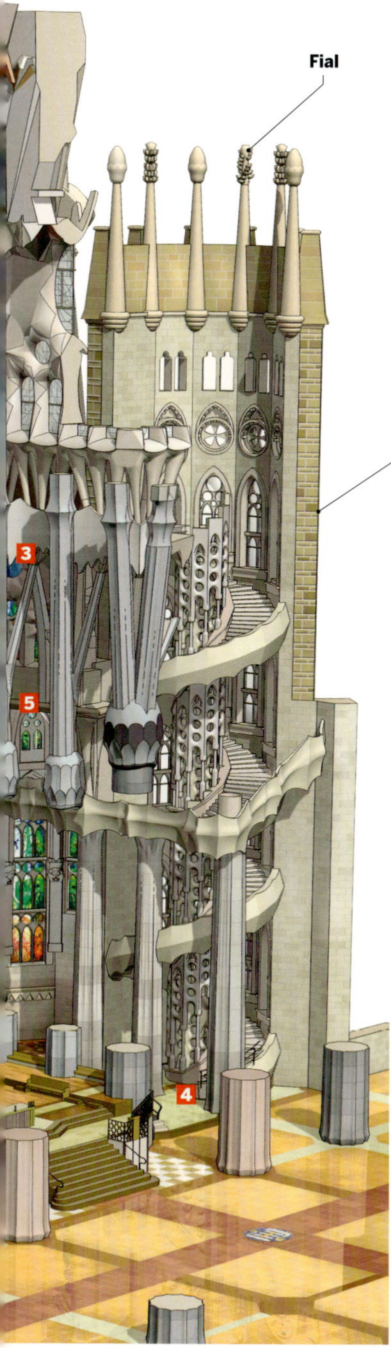

20 000
SCHRAUBEN
waren insgesamt zur Montage der Baugerüste für die Apsis notwendig.

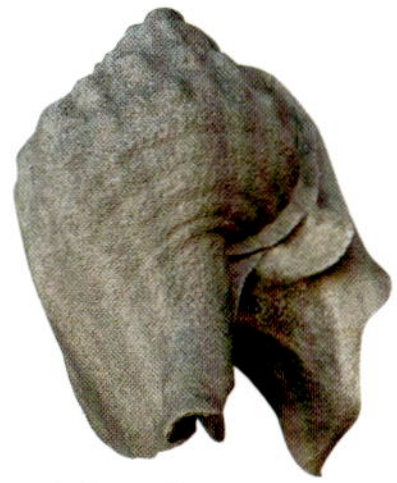

Schnecke
Die Schnecke weist auf eine Wendeltreppe hin.

50
METER
hoch sind die Fialen (Türmchen) der Apsis.

2
Pflanzenornamente
Damit wurden die Mauern und Fialen geschmückt.

3
Gewölbedecke
Folgt der Form des Schiffes. Oberlichter lassen Zenitlicht ein.

4
Chorumgang
Trennt die Kapellen vom Hauptaltar.

5
Oberer Teil der Apsis
Hier befindet sich die Kantotei für die Kinderchöre.

3

4

5

Erster Aufriss Gaudís für die Apsis
Die nach oben ragenden gotischen Formen dominieren den nordwestlichen Bereich des Kirchenbaus.

Eigener Stil

Die Form der Apsis ist ein Beispiel für das schöpferische Genie Gaudís, der seine Entwürfe für diesen Bereich als die Perfektionierung der Gotik bezeichnete. Er verzichtete auf Strebepfeiler und schuf zur Steigerung der Volumetrie Hell-Dunkel-Kontraste durch Betonung der Mauerzinnen. Die Apsis wurde mit Fialen geschmückt, die ihre Höhe betonen und die Grandiosität der Kuppel vorwegnehmen. Die Außenmauern sind mit Tier- und Pflanzenmotiven verziert, ein Zeichen für Gaudís Nähe zur Natur.

In Stein verewigte Natur

Die Kirchenfenster und die Fialen der Apsis sind eindeutig gotisch inspiriert, aber statt der Fabelwesen der mittelalterlichen Bildhauer bildete Gaudí, sich die Natur zum Vorbild nehmend, Tiere und Pflanzen ab.

Heilige Klara von Assisi
Zu den Skultpuren der heiligen Ordensgründer gehört auch die Darstellung der Gründerin des Klarissenordens (13. Jahrhundert).

Tierwelt

Gaudís Entscheidung, die Außenmauern der Apsis mit Reptilien, Amphibien und anderen niederen Tieren zu verzieren, war nicht nur ungewöhnlich, sondern stand auch im deutlichen Gegensatz zu den damals herrschenden christlichen Traditionen, da diese Tiere damals das Böse versinnbildlichten. Für Gaudí erfüllten sie eine dreifache Funktion: sie waren dekorativ und dank ihrer Größe vom Boden aus gut zu erkennen, sie waren nützlich, denn wie die gotischen Wasserspeier leiteten sie Regenwasser ab, und sie hatten eine symbolische Bedeutung: die Tiere, die seit frühester Zeit mit dem Bösen in Verbindung gebracht werden, fliehen mit dem Kopf nach unten vor der mystischen Macht der Türme zu Ehren Jesu und Maria – Kreuz und *Stella Matutina*–, ohne je in das Innere der Kirche eindringen zu können.

Die Wasserspeier
Gaudí verwendete Tiere, die traditionell das Böse versinnbildlichten.

8
ORDENSGRÜNDER
wachen über der Apsis, darunter der heilige Franziskus und die heilige Klara von Assisi.

1893
IN DEM JAHR
wurden die Bauarbeiten für die charakteristische halbrunde Außenmauer der Apsis abgeschlossen..

Landschnecke

Meeresschnecke

Frosch als Symbol des Bösen

Chamäleon für Untreue

1
Ableitung des Regenwassers

2
Weizenähre
Gaudí wählte Weizen als Abendmahlssymbol. Daraus wurde das Brot, das Jesus mit seinen Jüngern teilte.

3
Kräuter
Gaudí wählte für die Dekoration der Fassade Mittelmeerpflanzen, die auf dem Baugelände wuchsen.

50
ZENTIMETER
groß sind die riesigen Getreidekörner, mit denen die Apsis verziert ist.

Lebendige Skultpuren in Bewegung
Gaudí stellte die Tiere vor der göttlichen Macht fliehend dar.

*****
Wildkräuter

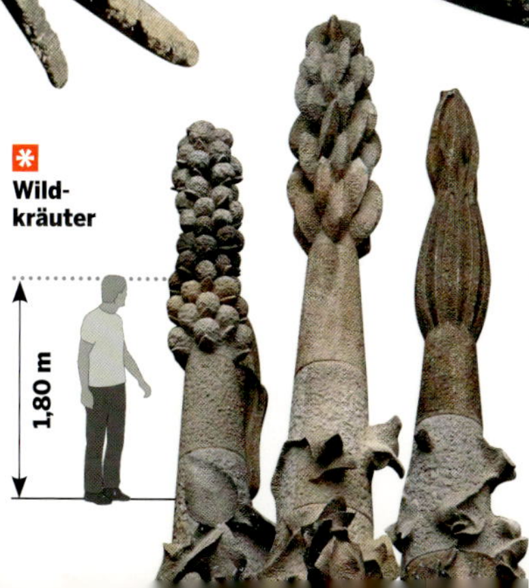

Pflanzen mit christlicher Symbolik
Die Pflanzenornamente, mit denen die Fialen der Apsis dekoriert sind, bilden einen gewollten Kontrast zu den Gestalten der Tierwelt auf den Mauern. Dargestellt sind Weizenähren als Abendmahlssymbol und Blätter von Palmen, Olivenbäumen, Zypressen, Zedern und Lavendelbüschen.

SYMBOL DES UNIVERSUMS

Die Anagramme

Die Fialen der Apsis sind mit Anagrammen für Christus, die Muttergottes und den Heiligen Josef - die heilige Familie - verziert.

Anagramm für Christus. Mit den griechischen Buchstaben Alpha und Omega, die Anfang und Ende symbolisieren.

Anagramm für Jesus
Initiale des Namen von Gottes Sohn von einer Dornenkrone als Symbol für den Leidensweg umgeben.

Anagramm für Josef
Das J wird von Narzissen eingerahmt, die für die Reinheit und Keuschheit des Heiligen stehen.

Anagramm für die Jungfrau
Die Krone über dem M von Maria symbolisiert ihre Eigenschaft als Königin von Himmel und Erden.

Innenraum der Apsis

Wie bereits bei der Krypta ist das Halbrund der Apsis außen in neun Absidennischen unterteilt, die im Inneren des Kirchenbaus zu sieben Kapellen und zwei Treppenhäusern an den Enden werden.

Die heilige Familie
In der mittleren Kapelle steht eine Kopie des Altaraufsatzes von Josep Llimona, der Maria, Josef und Jesus darstellt. Das Original steht in der Krypta.

Die Kapellen der Apsis
Die insgesamt sieben Kapellen der Apsis widmete Antoni Gaudí den Sieben Leiden und Freuden des heiligen Josef. In einer freien Interpretation der gotischen Kathedralenbauten des Mittelalters, bei denen Höhe, Lichteinfall und Schall fundamental waren, ordnete Gaudí die Kapellen in einem Fünfeck um den Chorumgang an. Die Kapellen sind so gestaltet, dass von zwei Seiten Tageslicht einfällt: Zum einen durch die großen, hohen spitzbogigen Fenster im Gotikstil, für die der Architekt buntgemusterte Scheiben vorgesehen hatte, und zweitens durch die Öffnungen der Laternentürme, durch die Licht von oben einfällt. Das dritte Konzept, der Schall, wurde von Gaudí umgesetzt, indem in die Apsis eine Kantorei für Kinderchöre aufgenommen wurde, die oberhalb der Kapellen rund um die Apsis verläuft.

350
KINDER
haben auf der Chorempore Platz, die über den Kapellen der Apsis verläuft.

Tabernakel
Das Tabernakel mit dem Ausspruch Jesu „Ich bin das Leben" in der mittleren Kapelle.

Chorumgang
Das sogenannte Deambulatorium trennt die Kapellen vom Hauptaltar.

ENGEL. SYMBOLIK

Der Bildhauer Jaume Cases nahm sich die von Gaudí entworfene Lösung für die Kapellen der Krypta zum Vorbild und stellt auf den Kragsteinen der Kapellenpfeiler die Johannesoffenbarung mit Engeln aus Stein dar.

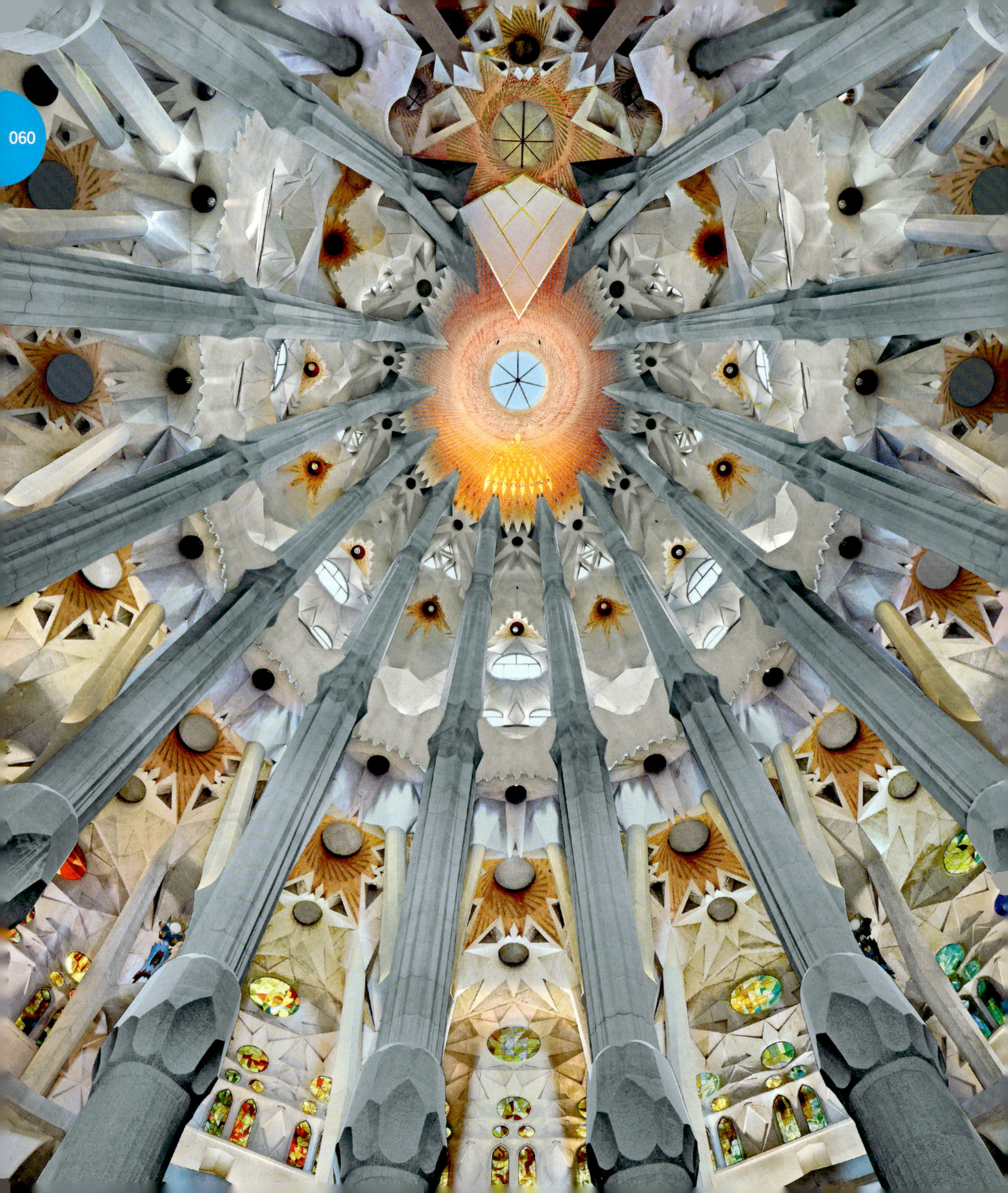

Deckengewölbe. Von dem halbrunden Grundriss der Apsis gehen drei Etagen nach oben: die durch hohe spitzbogige Fenster beleuchteten Kapellen mit abstrakten Darstellungen, die über den Kapellen verlaufenden Emporen, auf denen die Kinderchöre Platz haben, die von sieben als Oberlichter fungierenden Laternentürmchen - jeweils einem pro Kapelle - gekrönt wird, und in oberster Höhe der imposante Marienturm, dessen 130 m hohe Kuppel den Abschluss der Apsis bildet.

05 GAUDÍS MODERNE VERSION DES KREUZGANGS Kreuzgang

Gaudís musste den Kreuzgang an den eingeschränkten Platz auf dem Baugrundstück anpassen.

Der Kreuzgang ist ein wesentliches Element der mittelalterlichen Klosterarchitektur und geht wahrscheinlich auf das Atrium in antiken römischen Villen und die Anlage der frühchristlichen Kirchen zurück. Die Räume eines Klosters lagen um einen rechteckigen Innenhof herum, der oft als Garten oder Friedhof diente. Der Kreuzgang war seit dem Mittelalter wesentlicher Bestandteil von Klöstern, Kathedralen und großen Kirchen, die Räume für Kanoniker oder religiöse Orden haben mussten. So war es auch Ende des 19. Jahrhunderts, als mit dem Bau der Sagrada Familie begonnen wurde. Der Kreuzgang stand stets neben dem Gotteshaus, parallel zum Kirchenschiff, mit dem er meistens durch ein reich verziertes Portal verbunden war. Wahrscheinlich aus Platzgründen war im Plan von Francesc Del Villar für die Sagrada Familia jedoch kein Kreuzgang vorgesehen gewesen. Gaudí dagegen, dessen Lehrzeit stark durch den Historismus geprägt war, der das Aufleben der mittelalterlichen Formen favorisierte, suchte nach Übernahme des Projekts nach einem Weg, einen Kreuzgang anzulegen. Da mit dem Bau der Krypta bereits begonnen worden war, war die traditionelle Form eines von Bogengängen umgebenen Innenhofes nicht länger möglich. Gaudí fand jedoch eine ausgesprochen praktische Lösung, die gleichzeitig revolutionär war. In der Geschichte der Kirchenarchitektur gibt es nichts Vergleichbares: der Kreuzgang sollte die Basilika umrunden und sie dadurch gleichzeitig vom Lärm der sie umgebenden Stadt abschotten und so eine ruhige, klosterähnliche Atmosphäre schaffen. Mit dieser Lösung stellte der Architekt den eigentlichen Zweck des Kreuzgangs – die Erschließung des Gotteshauses – wieder her.

←
Die Fenster des Kreuzgangs
Der erste Entwurf Gaudís für die Mauer mit Spitzgiebel sah drei dreieckige Fenster mit runden Öffnungen vor.

→
Rosenkranzportal
Am Eingang im Norden der Geburtsfassade sah Gaudí in Stein gehauene Rosen als Zierelemente vor.

Ein Kreuzgang in neuem Gewand

Gaudí revolutionierte das Konzept des Kreuzgangs und verlieh ihm eine zusätzliche Funktion: Er schottet das Innere der Kirche vom Lärm der umliegenden Straßen ab und bietet Raum für Prozessionen unter den Bogengängen.

Mauerkrone
Die Seitenmauern werden von Steinkronen im geometrischen Design gekrönt.

Die Lösung von Gaudí
Antoni Gaudí entwarf den Kreuzgang der Sagrada Familia wie einen rechteckigen Bogengang, der um die vier Fassaden der Basilika herumläuft. Es besteht aus mehreren sich wiederholenden Modulen mit rechteckigem Grundriss, die von einem Kreuzgewölbe bedeckt und von Spitzgiebeln gekrönt werden. Obwohl es sich um einen geschlossenen Raum handelt und auf den in den meisten Kreuzgängen vorhandenen begrünten Innenhof verzichtet wurde, fällt in Gaudís Kreuzgang dank der nach außen weisenden Fensterfronten und Rosetten in den einzelnen Modulen ausreichend Tageslicht ein. Gaudí legte den Kreuzgang auf einer Ebene mit den Kirchenschiffen an und nutzte den Höhenunterschied zur Straßenebene aus, um eine Zwischenetage anzulegen, deren Räume für verschiedene Zwecke genutzt werden können.

240
METER
lang sind die Mauern des Kreuzgangs, der die gesamte Basilika Sagrada Familia umschließt.

Taufkapelle
Sie steht in der südlichen Ecke des Kreuzgangs.

Glorienfassade

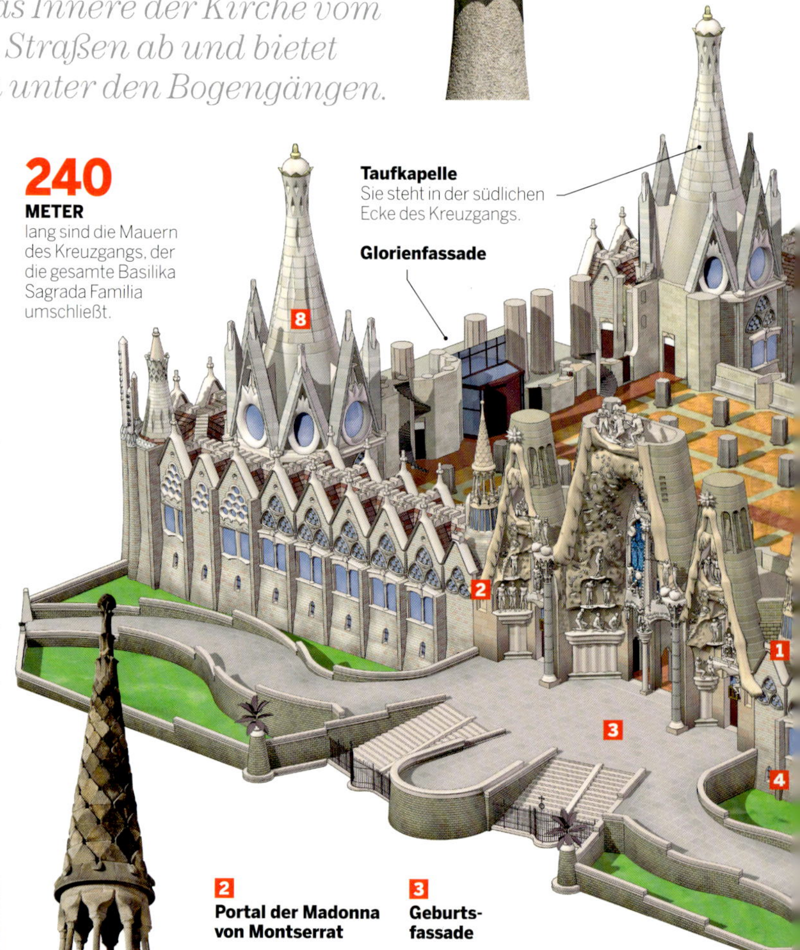

2
Portal der Madonna von Montserrat

3
Geburtsfassade

Skulptur mit Funktion Originelle Regenrinne.

1

Laternenturm am Rosenkranzportal
Das von oben einfallende Tageslicht bringt die prächtige Dekoration des Portals zur Geltung.

1895
IN DEM JAHR
begannen die Bauarbeiten für den Kreuzgang der Basilika im Bereich um die Geburtsfassade.

44
MODULE
wiederholen sich auf der gesamten Länge des Kreuzgangs, den Gaudí für die Sagrada Familia entworfen hat.

4 **Erste Lösung der Außenwand**

Kreuzgewölbe

5 **Zweite Lösung der Außenwand**

Hyperbolisches Paraboloid

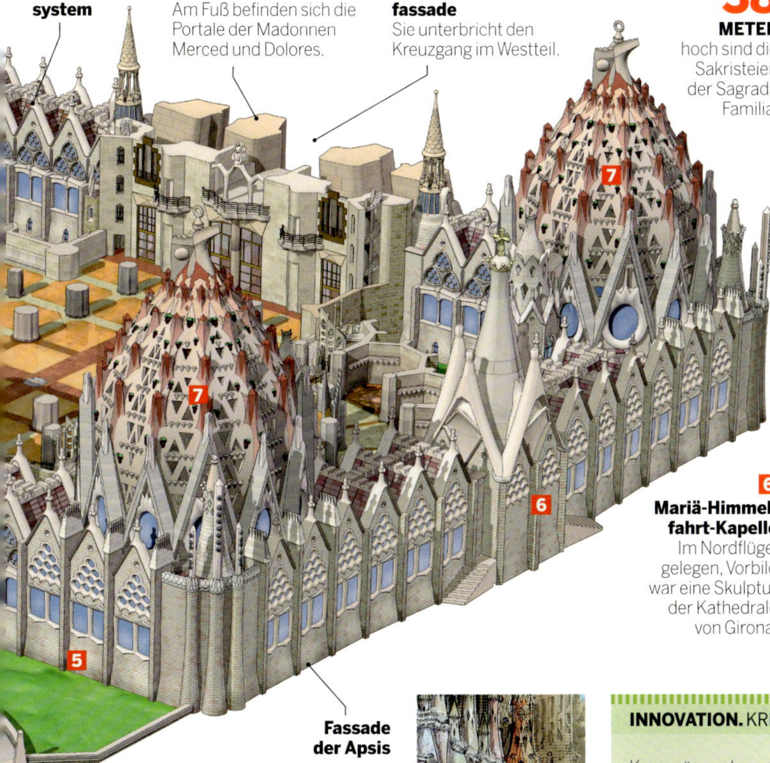

Modulsystem

Basis der Türme
Am Fuß befinden sich die Portale der Madonnen Merced und Dolores.

Passionsfassade
Sie unterbricht den Kreuzgang im Westteil.

38 METER
hoch sind die Sakristeien der Sagrada Familia.

6 Mariä-Himmelfahrt-Kapelle
Im Nordflügel gelegen, Vorbild war eine Skulptur der Kathedrale von Girona.

Fassade der Apsis

Portale und Gebäude

Für den Kreuzgang ließ sich Gaudí einige architektonische Tricks einfallen. Er entwarf zwei Portale an der Geburtsfassade zu Ehren der Madonna des Rosenkranzes und der Montserrat-Madonna, und zwei an der Passionsfassade zu Ehren der Madonnen Merced und Dolores. An den Ecken sollten zwei Sakristeien, die Taufkapelle und die Sühnekapelle und an der Apsisfassade die Mariä-Himmelfahrt-Kapelle stehen.

Engel am Rosenkranzportal

7

Die Sakristeien
In der nördlichen und westlichen Ecke des Kreuzgangs gelegen, mit Basis von 18x18 m und Kuppel mit 12 Paraboloiden.

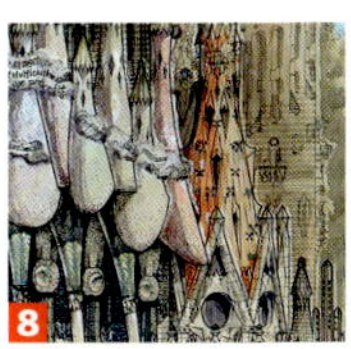
8 **Sühnekapelle**
Sie steht in der östlichen Ecke des Kreuzgangs an der Glorienfassade.

INNOVATION. KREUZGANG MIT NEUEM KONZEPT

Kreuzgänge standen traditionell an einer Kirchenseite, der von Gaudí entworfene Kreuzgang umschließt jedoch die Basilika und isoliert sie vom Lärm der Umgebung.

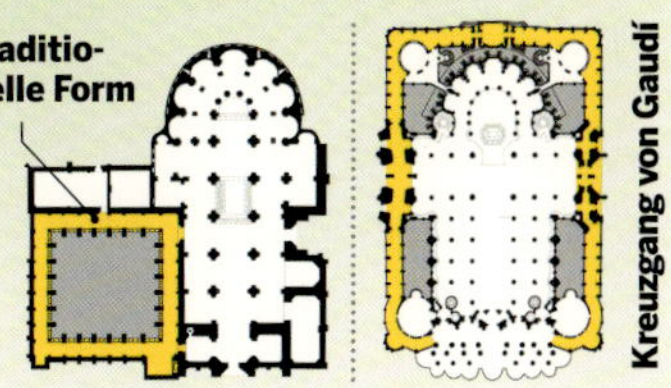

Symbole und Dekoration

Gaudís Kombination von Zweckdienlichkeit und Allegorien hat einen Avantgard-Kreuzgang geschaffen, der die Außenwelt – das Weltliche – vom Inneren der Basilika – dem Geistlichen – trennt.

Symbol der Jungfrau María
Auf dem Schlussstein eines Bogens ist das klassische Anagramm der Jungfrau zu sehen: die von einer Krone eingerahmte Initiale ihres Namens.

Zwischen Himmel und Erde

Gaudí stellte sich den Kreuzgang nicht nur als Schutz gegen den Lärm der Stadt vor, sondern sah ihn auch als eine Barriere zwischen Weltlichem und Geistlichem. Diese Symbolik sollte er Jahre später auch bei der Anlage des Parc Güell verwenden. Der Kreuzgang der Sagrada Familia stellt hier das Weltliche dar, daher plante Gaudí ihn als einen Ort für die Prozessionen und dekorierte seine Portale mit Rosen - Symbol des Rosenkranzes und in traditionellen Kreuzgängen auch des Himmlischen - und mit Olivenzweigen und Palmblättern, die an die Ankunft Jesu in Jerusalem anspielen. Zur Vervollständigung der Symbolik sieht Gaudís Entwurf als Dekoration der Außenmauern des Kreuzgangs Anagramme der heiligen Familie, schneckenförmige Säulen als Anspielung auf den Tempel von Salomon und Elemente aus der Natur vor.

Die heilige Familie
Anagramm mit Kreuz Jesu, der Säge des Zimmermann Josef und der Initiale der Jungfrau Maria.

Rosenstrauß
Schlussstein des Kreuzgangs am Montserratportal.

1899
IN DEM JAHR
wurde das Rosenkranzportal im Norden der Geburtsfassade fertiggestellt.

ENTWICKLUNG. LÖSUNGEN FÜR DIE SPITZGIEBEL

1890
ERSTE LÖSUNG
Gaudí entwarf die Giebel zuerst nach dem Vorbild gotischer Spitzgiebelmodelle.

1919
ZWEITE LÖSUNG
Später änderte Gaudí seinen Entwurf ab und gestaltete an Waben erinnernde Module.

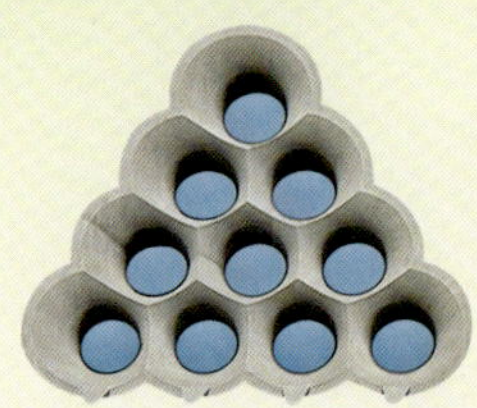

Schlussstein
Einer der Schlusssteine des Kreuzgewölbes am Rosenkranzportal zeigt einen tanzenden Engel mit einem Rosenkranz in der Hand.

Das Rosenkranzportal

Um den Kreuzgang mit der Basilika zu verbinden, sah Gaudí an jedem Schnittpunkt mit der Geburtsfassade und der Passionsfassade ein Portal vor, in denen vier Marienfiguren im Mittelpunkt stehen.

Jungfrau vom Rosenkranz
Die mittlere Skulptur im Bogenfeld stellt Unsere Liebe Frau vom Rosenkranz mit dem Jesuskind dar, der das Portal gewidmet ist.

Ein Beispiel für die Zukunft

Gaudí wusste, dass er die vier Portale, die den Kreuzgang einmal mit dem Inneren der Basilika verbinden sollten, nicht selbst fertigstellen würde, und wollte seinen Nachfolgern deshalb ein Modell hinterlassen, das ihnen als eine Art Prototyp dienen würde. So gestaltete er das Rosenkranzportal, das er als einziges Portal fertigstellen konnte. Für das Portal entwarf er einen komplexen und detaillierten Bogen mit zwei Archivolten, die mit Figuren aus dem Alten Testament dekoriert wurden und in die über einen konischen Laternenturm Zenitlicht einfällt. Das Bogenfeld am Tor ist mit Skulpturen der Jungfrau vom Rosenkranz und der Heiligen Domingo und Katharina verziert. Die Originalskulpturen dieses Portals wurden leider im Jahr 1936 während der ersten Tage des Bürgerkriegs bei Protesten gegen die Kirche zerstört.

1983
IN DEM JAHR
beendete der in Barcelona ansässige japanische Bildhauer Etsuro Sotoo die Sanierung des Portals.

Fensterscheiben
In den runden Fensteröffnungen am oberen Ende der Mauer sitzen bunte Glasscheiben.

Struktur des Portals
Das Bogenfeld wird von drei Bögen eingerahmt und von einer Rosenkranz-Madonna gekrönt.

Isaac, Abrahams Sohn

Jakob, Sohn von Isaac

Salomon, König von Israel

David, König von Israel

Versuchung des Menschen
Symbol für Gewalt: Der Teufel reicht einem Arbeiter eine Bombe, die um 1900 von Anarchisten verwendet wurde.

Bombenanschlag im Opernhaus Liceu
Die Explosion einer Orsini-Bombe in der Oper von Barcelona im Jahr 1893 war Inspiration für die Skulptur von 'Versuchung des Menschen' am Rosenkranzportal.

Der Teufel in Gestalt eines Fisches

Versuchung der Frau

Tod des Gerechten

Kuppel des Laternenturms über dem Portal

Aus Stein gehauene Rosen

Zu Ehren der Jungfrau vom Rosenkranz sind alle Elemente des Portals – Mauern, Gewölbe und Bögen – mit in Stein gehauenen Rosen geschmückt. Rosen sind ein bei der Anbetung der Jungfrau Maria im Allgemeinen und der Rosenkranzmadonna im Besonderen häufig verwendetes Symbol.

Die Sakristeien

In der nördlichen und westlichen Ecke der Basilika platzierte Gaudí zu beiden Seiten der Apsis zwei mit dem Kreuzgang verbundene Sakristeien, deren Äußeres an die Taufkapellen der Renaissance erinnert.

Zwei sechsstöckige Bauten

Die Sakristeien dienen zur Aufbewahrung der für die Messe notwendigen Gegenstände. In der Regel befindet sich die Sakristei im Inneren der Kirche, aber Gaudí nutzte die besondere Anlage des Kreuzgangs, um zwei Sakristeien in den Ecken gegenüber der Apsis zu platzieren. Den Taufkapellen der italienischen Renaissance nachempfunden haben sie eine zwölfeckige, fast runde Grundfläche und besten aus sechs Etagen mit einer Wendeltreppe im Inneren. Das Äußere der beiden Sakristeien ist in zwei Abschnitte unterteilt: Eine Mauer aus Stein, welche die Struktur der Module des Kreuzgangs wiederholt und sich auf diese stützt, und darüber eine Kuppel aus 12 Paraboloiden mit Öffnungen, durch die Tageslicht einfallen kann.

Skizze von Gaudí
Der Architekt hielt seinen Entwurf für die Sakristei auf diesem Stein fest.

12
SEITEN
haben die Kuppeln der Sakristeien. Sie stehen auf einer Basis von 18×18 m.

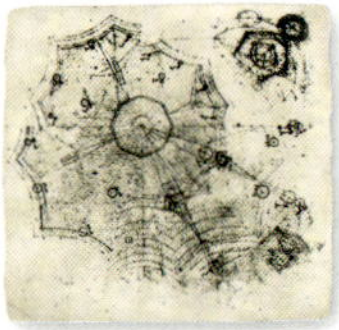

Endgültige Lösung für die Sakristeien
1923 entwarf Gaudí den Plan für die Grundfläche.

Modell von einer der Sakristeien

Treppenhaus
In dem Anbau außen an der Sakristei führt eine Wendeltreppe nach oben.

1
Untere Ebene
Die jeweils 350 m2 großen Hauptebenen der beiden Sakristeien sind direkt mit dem Kreuzgang verbunden.

Weintrauben
Trauben gelten als Symbol für das Blut Jesu.

2
Stockwerke der Sakristei
Die vielen Säulen, von denen das Innere des Gebäudes gestützt wird, sind leicht zur Mitte hin geneigt.

8
METER
hoch ist die Beletage der Sakristeien, die Gaudí für die Basilika Sagrada Familia entworfen hat.

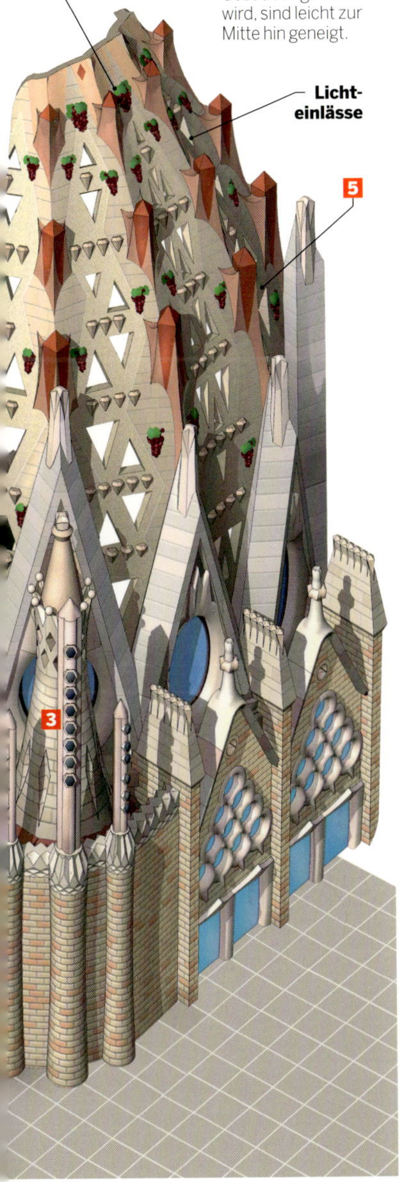

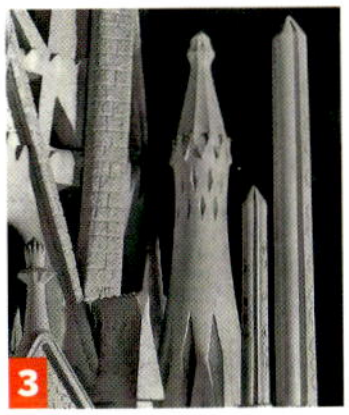

Obeliske
Sie krönen die Ecken des Kreuzgangs und symbolisieren die Kardinalpunkte.

4
Obere Ebene der Sakristei

6
EBENEN
hat das Innere, in alle fällt durch die zahlreichen Öffnungen Tageslicht ein.

5
Außendekoration
Die Kuppel ist mit Stein, Ziegel, Keramik und Trencadis-Mosaik verziert.

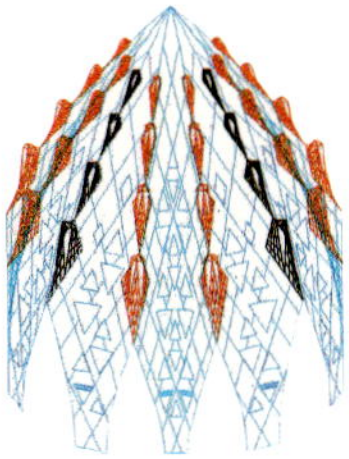

Entwicklung in 3D
Studie zur Konstruktion der Kuppel der Sakristei.

SKULPTUREN

Mariä-Himmelfahrt-Kapelle

Gaudí entwarf eine Kapelle mit vertikalen Proportionen und platzierte sie am Nordflügel des Kreuzgangs neben der Apsis.

Das Projekt
Der Aufriss zeigt vier mit Engelsdarstellungen gekrönte Ecken, auf denen jeweils ein Laternenturm mit Krone sitzt.

6
Inspiration
Vorbild war die Sänfte, auf der die Marienfigur der Kathedrale von Girona auf der Himmelfahrt-Prozession getragen wird.

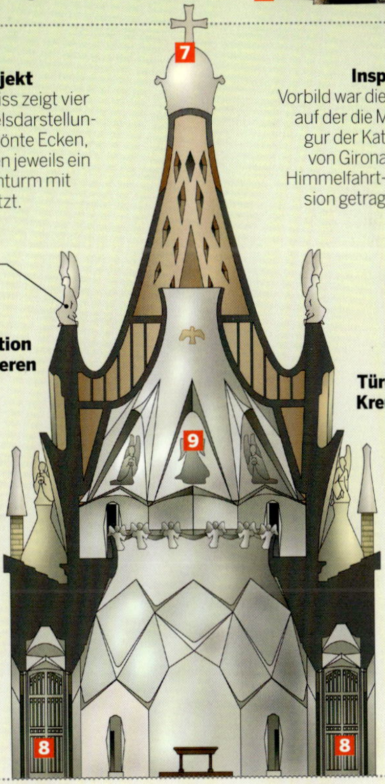

Engel

7
Kaiserkrone

9
Dekoration des Inneren

8
Türen zum Kreuzgang

Entwurf der Fassade

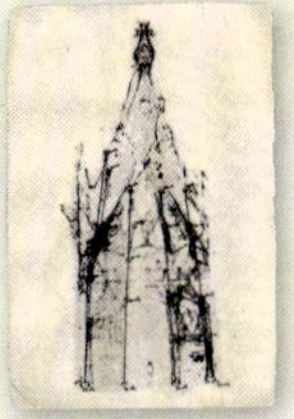

Erste Studie der Kapelle

30
METER
hoch ist der Laternenturm, der für den Einfall von Tageslicht in die Mariä-Himmelfahrt-Kapelle sorgt. An seinem oberen Ende sitzt eine Krone, das Symbol der Jungfrau Maria.

06 EIN ORT FÜR DEN GOTTESDIENST

Das Innere der Basilika

Gaudí wählte einen konservativen Grundriss und behielt sich die Neuerungen für die Fassadenwand vor.

Bereits im antiken Griechenland standen auf der Agora, dem Marktplatz einer Stadt, als Gerichts- und Marktgebäude genutzte Prachtbauten mit Apsiden (*basiliké stoá*), deren Inneres durch Säulenreihen unterteilt wurde. Die Römer übernahmen diese Gebäudeart und änderten die Bauweise nur wenig ab: Ihre Bauten hatte einen rechteckigen Grundriss mit drei oder vier Schiffen, das mittlere davon mit erhöhtem Dach. Von einer Empore aus leiteten die Richter die Verfahren. Nach Konvertierung Konstantins zum Christentum im 4. Jahrhundert waren größere Gebäude zum Abhalten der Gottesdienste erforderlich, und nach dem Vorbild der griechisch-römischen Basiliken entstanden die ersten christlichen Kirchen. Mit fortschreitender Christianisierung entwickelte sich der Baustil der Kirchen: Als Grundriss wurde jetzt die Form des Kreuzes gewählt, das die Anwesenheit Christi symbolisieren sollte. Dies geschah durch Hinzufügen des Transepts, das in rechtwinkliger Position zum Langhaus verläuft. Im Laufe der Jahrhunderte und durch die verschiedenen Stilepochen hindurch änderte sich diese Form kaum, bis Gaudí 1883 die Bauleitung für die Sagrada Familia übernahm und ein Projekt mit Grundriss eines lateinischen Kreuzes vorfand, bei dem das Transept zur Kopfseite hin verschoben worden war. Der Architekt entschied sich wagemutig dafür, diesen Grundriss beizubehalten, ihn jedoch auf fünf Schiffe zu erweitern. Er wandte dann seine ganze Kreativität auf, um eine revolutionäre Lösung für die senkrechte Ausrichtung des Kirchenbaus zu finden. Dank der von ihm erfundenen baumartigen Säulen und den Hyperboloid-Kuppeln konnte er auf die von ihm als unästhetisch empfundenen Strebepfeiler verzichten.

Das Mittelschiff
Die an Bäume erinnernden, leicht geneigten Säulen führen zum Hauptaltar, dem Mittelpunkt des Gottesdienstes.

Monstranzen
Als Dekoration der Choremporen entwarf Gaudí 24 Monstranzen, liturgische Geräte zur Aufbewahrung der Hostien.

Spiritueller Wald

Die vielen an Bäume erinnernden Säulen im Inneren der Basilika schaffen eine einzigartige spirituelle Umgebung, die zum Einhalten und zum stillen Gebet einlädt.

Einladung zum Gebet

Gaudí wollte das Innere der Sagrada Familia in einen großen Wald verwandeln. Säulen, Gewölbe und Decken wurden dabei zu Stämmen, Ästen und Zweigen, und darüber thronen die Blätter und filtern die durch die Fenster einfallenden Sonnenstrahlen. Mit dieser originellen Lösung wollte der Architekt eine zu Gebet und Meditation einladende Umgebung schaffen und einen Kontrast zum traditionellen Grundriss der Kirche mit fünf Schiffen bilden. Die Schiffe werden von vier Säulenreihen geteilt und vom quer verlaufenden Transept geschnitten. Der Altarraum beherbergt den Hauptaltar, der deutlich erhöht steht und an den sich ein Chorumgang mit sieben strahlenförmig angeordneten Kapellen anschließt.

Entwürfe von Gaudí
In den über drei Jahrzehnten seiner Arbeit entwarf er mehrere Pläne für die Schiffe.

Computergestützte Konstruktion
Moderne Technik half bei Gestaltung des Inneren der Basilika.

4 500
QUADRATMETER
groß ist die Gesamtfläche im offen angelegten Innerraum der Basilika Sagrada Familia.

Der Hauptaltar
Der Altar, an dem in der Basilika die heilige Messe gefeiert wird, steht unter dem Gewölbe der Apsis.

Liturgische Möbel
Gaudí entwarf für die Basilika Beichtstühle und einige liturgische Gegenstände.

2 Haupteingang
Der Eingang ist an der Glorienfassade.

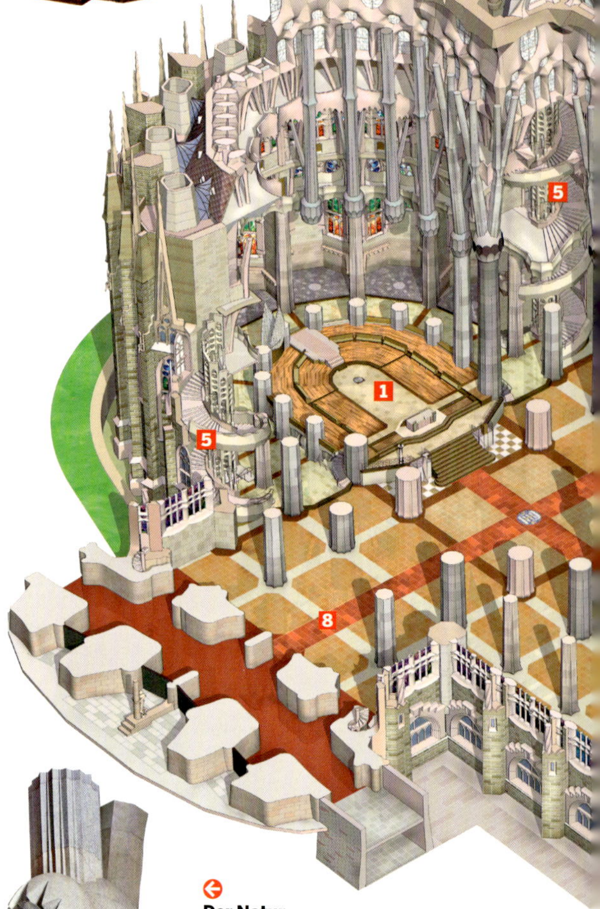

Der Natur abgeguckte Form
Gaudí gestaltete die Stützsäulen in Form eines Baumstamms, der sich am oberen Ende verzweigt.

45
METER
hoch sind die höchsten Gewölbedecken des Mittelschiffs.

Fialen an den Seitenmauern

3 Transept an Geburtsfassade
Der Zugang erfolgt über die Ostfassade der Basilika.

Mauerstücke des Mittelschiffs

4 Seitenschiffe
Die vier Seitenschiffe, zwei zu jeder Seite des Mittelschiffs, sind 30 Meter hoch und 15 Meter breit.

5 Wendeltreppen
Die Treppen führen an den beiden Seiten der Apsis von der Krypta bis in die Kantorei der Basilika.

6 Platz für die Chöre
Die Chorempore befindet sich unter dem Gewölbedach der äußeren Seitenschiffe.

Seitenmauer

Glorienfassade
Die von Gaudí geplante Plattform überquert die c/Mallorca.

7 Zentralschiff. Das Gewölbe ist 45 Meter hoch.

8 Transept der Passionsfassade

Kuppel der Apsis

Lichtöffnungen
Durch die bunten Öffnungen an den Kuppeln fällt gefiltertes Zenitlicht in das Innere der Kirche ein.

Symbolische Maße der Basilika

Das Innere der Basilika Sagrada Familia ist eine Lobpreisung der Kirche Gottes und stellt zwei sich kreuzende Wege dar: Den Weg der Menschheit, symbolisiert durch die Linie, die von der Tür der Glorienfassade zur Apsis führt, und den Weg Christi von seiner Menschwerdung bis zu seinem Tod am Kreuz und seiner Auferstehung. Dieser verläuft von der Geburtsfassade bis zur Passionsfassade.

Die fünf Kirchenschiffe

Bei seinem ersten Entwurf hatte Gaudí entschieden, den Tempel auf fünf Schiffe zu verbreitern. Nach und nach perfektionierte er seinen Anfangsentwurf, bis er kurz vor seinem Tod den endgültigen Plan fertigstellen konnte.

Sankt Georg
Die Skulptur des Schutzpatrons von Katalonien an der Innenseite der Glorienfassade ist ein Werk von Josep Mª Subirachs. Sie dominiert das Innere der Kirche.

Das Mittelschiff

Gaudí erweiterte in seinem Bauplan die von Del Villar ursprünglich vorgesehenen Maße des Mittelschiffs, um den Blick auf das gesamte Innere freizugeben. Zur Begrenzung des so entstehenden Raumes sah er zwei Säulenreihen vor, die den Blick auf den Hauptaltar richten sollten. Jede Säulenreihe sollte aus sechs Säulen bestehen. Er entwarf dazu ein 15 m breites Mittelschiff, das damit doppelt so breit wie die Seitenschiffe war. Die 45 m hohe Kuppel bedeckt die gesamte Breite der Basilika. Auf diese Weise schuf Gaudí den gleichmäßigen und offenen Raum, wie er ihn sich für das Innere der Sagrada Familia gewünscht hatte.

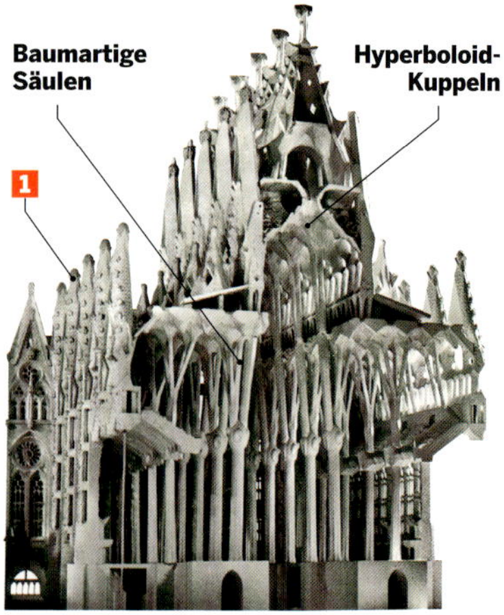

Säulen und Gewölbe
Gaudí gestaltete die Schiffe wie einen spirituellen Wald.

Die Heiligen
Diese Säulen sind den verschidenen Schutzpatronen von Bistümern gewidmet.

1 Originalmodell der fünf Kirchenschiffe von Gaudí

SANTA MARÍA DEL MAR
Gaudí nahm sich das Innere der gotischen Basilika im Stadtviertel El Born für die Sagrada Familia zum Vorbild.

1987
Beginn der Arbeiten für das Fundament der Schiffe

1989
Säulen und Seitenmauern der Kirche entstehen

1997
Vollendung der Seitengewölbe und Start der Zentralgewölbe

1999
Zentralgewölbe vollendet, Planung von Kreuzschiffgewölbe

2

3

Kirchenfenster
Werk von Joan Vila-Grau. Durch sie fällt buntes Tageslicht in die Schiffe.

2
Monstranz über Chorempore

3
Untere Kirchenfenster der Schiffe

Weihwasserbecken
Die riesige Venusmuschel ist ein Geschenk der Philippinen.

1200
PERSONEN
haben auf den Emporen für die Erwachsenenchöre in den Seitenschiffen Platz.

Die Seitenschiffe

Gaudí gestaltete die vier Seitenschiffe in denselben harmonischen Proportionen wie den Rest der Basilika. Um die modulare Bauweise fortzuführen, legte er für die Seitenschiffe eine Breite von 7,5 m fest, die Hälfte der Breite des Mittelschiffs, und wählte eine Höhe von 30 m, was zwei Dritteln der Höhe des Hauptschiffs entspricht. Der größte Erfolg Gaudís bestand jedoch in der gelungenen Kombination von Funktion und Ästhetik bei der Gestaltung der Strukturelemente. In zwei der Seitenschiffen brachte er oben die Emporen für die Erwachsenenchöre an, die auf den Säulenschaften der baumartigen Säulen und den Mauern ruhen.

Choremporen. Gaudí wählte diesen Ort aus zwei Gründen: Um den Platz auszunutzen und wegen der Nähe zu den Gläubigen in der Messe.

Bewegung innerhalb der Basilika. Um sowohl den Gläubigen als auch den Angehörigen des Klerus einen freien und ungehinderten Zugang zu allen Bereichen der Basilika zu gestatten, entwarf Gaudí ein System aus Wendeltreppen - zwei davon neben Apsis und Transept und zwei in der Glorienfassade - und Gängen, die in die verschiedenen Zonen der Basilika führen. Gaudí setzte dabei die klassische Linienführung der mittelalterlichen Kathedralen fort und sah eine Reihe von Emporen auf unterschiedlichen Höhen, die den Innenraum der Basilika umrunden.

Hauptaltar und Baldachin

Die Änderungen, die Gaudí an Del Villars Plan für die Krypta gemacht hatte, erhöhte den Altar um zwei Meter über die Ebene der Schiffe hinaus und machte ihn damit zum hervorstechenden Element im Inneren der Basilika.

Osterleuchter
Der von Gaudí entworfene schmiedeeisene Leuchter trägt die festliche Osterkerze, die immer zu Beginn der Osternachtfeier geweiht und entzündet wird.

Mittelpunkt der Basilika

Der Altar, der das Zentrum der Basilika bildet, steht an der Stelle, an der zwei der großen Achsen der Kirche zusammenlaufen: Zum einen die *Via humanitatis*, die von der Mitte der Glorienfassade bis zur Mitte der mittleren Kapelle der Apsis führt, und zum anderen die Linie, die zwischen Krypta, Altar und Marienkuppel –dem Gewölbe über Altarraum und Apsis – verläuft und die *Via humanitatis* rechtwinklig schneidet. Im Einklang zu dieser Linie wurde der Baldachin platziert, der über dem Hauptaltar schwebt und als dessen Vorbild der Baldachin diente, den Gaudí 1912 für die Kathedrale von Mallorca entworfen hatte. Vom Gerüst des Baldachins hängen das Kreuz Jesu, die Rebe und der Weizen als Abendmahlssymbole und 50 Lichter, die eine Anspielung an die Bischofskirche von Rom San Giovanni im Lateran sind.

1,90
METER
hoch ist die Figur des gekreuzigten Christus, die am Baldachin der Basilika Sagrada Familia hängt.

Mallorca-Baldachin
Gaudí gestaltete ein ähnliches Element bei der Renovierung der Kathedrale in Palma.

Altarraum
Das Halbrund aus Säulen bildet die Grenze des Altarraums, in dessen Mitte der Hauptaltar steht.

DEKORATION DES BALDACHINS. KUNST UND SYMBOLIK

Gaudí pflegte zu sagen: „Wie schön wäre ein Altar unter Weinranken!" Um seinen Wunsch zu erfüllen, wurde der Baldachin wie ein Laubengang aus Rebstöcken und Weinreben gestaltet und mit 50 Lampen beleuchtet.

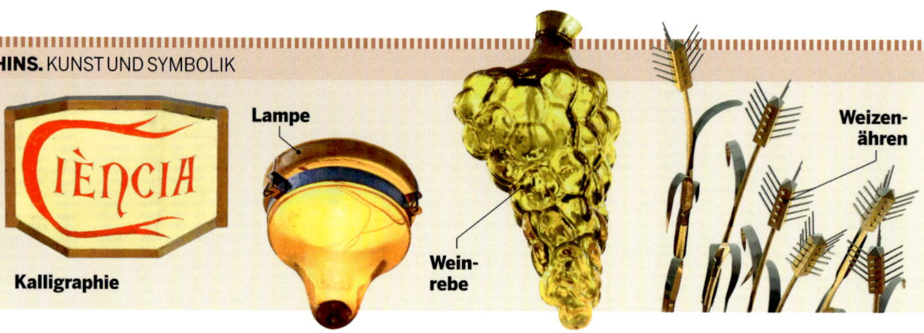

SANT
SANT
SANT
SANT

Transept

Das Querhaus formt zusammen mit dem Langhaus den Grundriss in Form eines lateinischen Kreuzes und verbindet die Geburtsfassade mit der Passionsfassade. Es stellt den Weg Jesu von Geburt bis zu Tod und Auferstehung dar.

1
Der heiligen Joseph
Die Skulptur des Schutzpatrons des Bauvereins der Sagrada Familia an der Passionsfassade ist ein Werk des katalanischen Künstlers Ramón Cuello.

Riesige Proportionen

Gaudí blieb seiner Überzeugung treu und behielt seine Vorliebe für die architektonischen Formen des Mittelalters bei, die in der zweiten Hälfte des 19. Jahrhunderts en vogue gewesen waren. Sein Entwurf sah deshalb ein großes Transept mit drei Schiffen vor, das 60 Meter hoch werden sollte. In diesem Querhaus erheben sich die Kuppeln dieses Bereichs und hier beginnt auch der höchste Turm der Basilika, der Jesusturm. Das von Gaudí entworfene Transept wird von insgesamt zwölf Säulen gestützt, vier davon sind die den Evangelisten gewidmeten Mittelsäulen, von denen die Kreuzschiffdecke getragen wird. Mit seiner Dimension ist es eines der größten Querhäuser in der Geschichte der Kirchenarchitektur überhaupt.

Triforium genannter Gang um das Transept

Die Flügel des Transepts
Der neogotische Stil im Inneren der Geburtsfassade bildet einen Kontrast zur Passionsfassade.

Tränen der Mutter
Die Tränen als Symbol des Schmerzes verzieren das Innere der Geburtsfassade.

60
METER
lang ist das Transept, es reicht von der Geburts- bis zur Passionsfassade.

Säule
Gaudí hinterließ zahlreiche Muster für die Gestaltung einer Reihe von Bauelementen.

Symbole der Evangelisten
Die Säulen des Kreuzschiffs sind den vier Evangelisten gewidmet. Die Scheinwerfer sind mit vier geflügelten Gestalten, den Evangelistensymbolen, verziert.

Innenmauer der Passionsfassade

Jungfrau Maria
Die Skulptur aus Travertin ist ebenfalls ein Werk des Bildhauers Ramon Cuello.

Symbol der Sagrada Familia
Das *Trencadís*-Mosaik zeigt die Initialen von Jesus, Maria und Josef.

Die beiden Innenfassaden

Die Ausrichtung der beiden Enden des Querhauses nach Nordosten und nach Südwesten - zu den Seiten von Sonnenaufgang und Dämmerung - ist für die Beleuchtung des Inneren der Basilika von großer Bedeutung. Die Öffnungen in den Mauern und die Kirchenfenster erfüllen dabei eine Dreifachfunktion: Sie beleuchten die Kirche morgens und abends, schaffen Raum für eine besondere Ästhetik für die beiden Innenmauern - mit runder Rosette an der Ostfassade und ovaler an der Westseite - und bieten Platz für die symbolische Verzierung der Mauern. Der Ostflügel ist dem heiligen Josef gewidmet und der Westflügel der Jungfrau Maria.

LEBENSWEG CHRISTI. DAS TRANSEPT

Das Transept symbolisiert den Lebensweg Christi, beginnend mit der Geburt des Messias (Ostflügel) bis su Passion, Tod und Auferstehung (Westflügel).

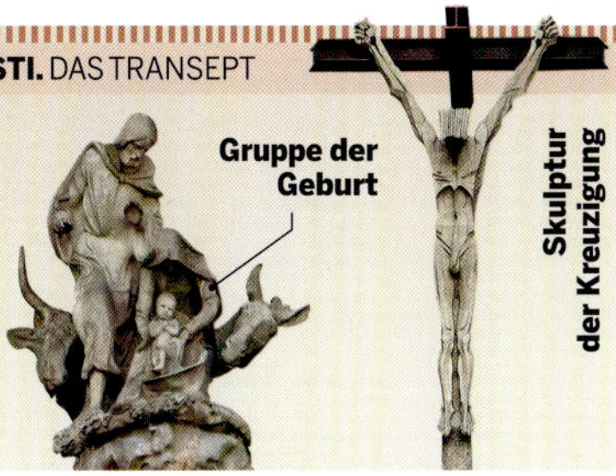

VIDA

Die baumartigen Säulen

Der von Gaudí vorgesehene spirituelle Wald im Inneren der Basilika wurde mit den baumartigen Säulen Wirklichkeit, die eine revolutionäre Struktur in der Geschichte der Architektur darstellen.

Die Natur als Vorbild

Gaudí brauchte viele Jahre, um die passende Säulenform zu entwickeln, die den Verzicht auf Strebepfeiler an den Mauern ermöglichen würde. Zwei Jahre vor seinem Tod, im Jahr 1924, hatte er die definitive Idee, die er wieder seiner Lehrmeisterin Natur zu verdanken hatte: eine Säule in Baumform. Der Architekt wollte mit den Säulen im Inneren der Kirche die Stärke und die Schönheit der Bäume eines Waldes zum Ausdruck bringen. Daher vermied er einen streng senkrechten Verlauf, wie in der klassischen Architektur die Regel, und entwarf leicht geneigte Säulen, die dadurch das Gewicht der Decken optimal absorbieren konnten. Das Geheimnis besteht darin, den Schaft in zwei Richtungen zu drehen, wie man es bei einer Baumkrone sieht. Auf diese Weise erzielt man beim Abstützen der Gewölbe der Schiffe eine höhere Resistenz.

36
SÄULEN
unterschiedlicher Höhen und Dicken tragen die beeindruckende Innenstruktur der Sagrada Familia.

Kapitelle
Gaudí stilisierte die Verbindung zwischen den Säulen und dem Gewölbe, um einen Wald nachzunahmen.

5
Vorläufige Versionen
Im Parc Güell experimentierte Gaudí mit geneigten und schneckenförmigen Säulen.

GAUDÍ. STUDIEN

Das Modell zur Analyse des organischen Wachstums von Pflanzen war die Grundlage für die definitive Lösung für die Säulen im Inneren der Sagrada Familia.

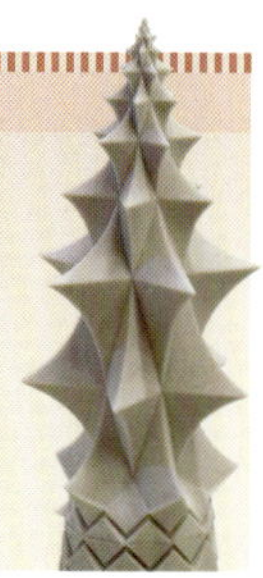

Dicke und Material
Gaudí entwarf je nach dem zu stützenden Gewicht Säulen aus unterschiedlichen Materialien. Im Kreuzschiff sollten die dicksten aus Porphyr stehen und an den Seitenschiffe die leichtesten aus dem Stein vom Montjuïc.

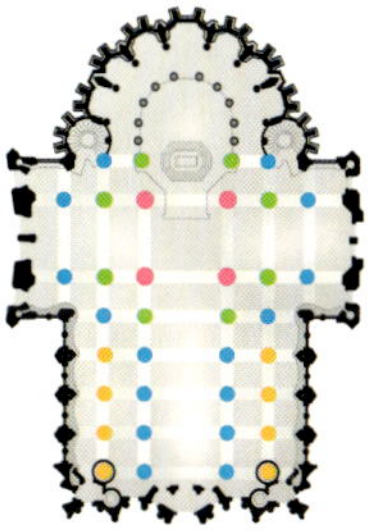

1 **Säulen aus Porphyr**
Sie tragen die Kreuzschiffdecke und haben 12 Seiten und 2,10 m Durchmesser.

2 **Säulen aus Basalt**
Die sehr resistenten Säulen haben einen Durchmesser von 1,75 m und 10 Seiten.

3 **Säulen aus Granit**
Die graublauen Säulen haben einen Durchmesser von 1,40 m und 8 Seiten.

4 **Säulen aus Stein vom Montjuïc**
Die leichtesten Säulen mit einem Durchmesser von 1,05 m und 6 Seiten.

Säulen im neogotischen Stil
Gaudís erster Entwurf sah gotische Säulen für die Basilika vor.

STRUKTUR

Eine revolutionäre Lösung

Die Pfeiler in Baumform waren die von Gaudí für die Struktur der Basilika gewählte Lösung.

Die Natur als Vorbild
Baumstämme dienten dem Architekten bei Gestaltung der Säulen als Vorlage.

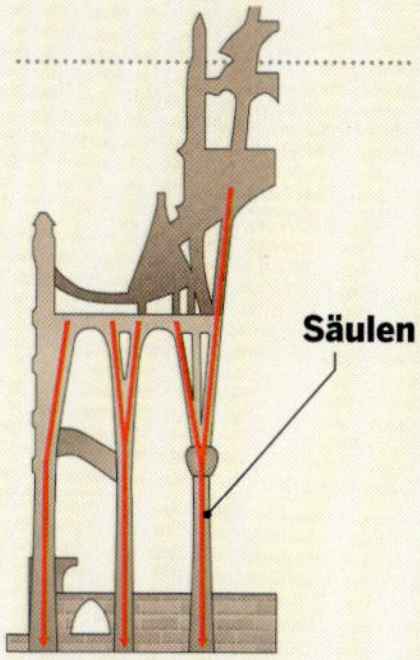

Ableitung der Last
Die Abfolge von Linien unterschiedlicher Steigung hilft, bei der Absorption des Gewichts.

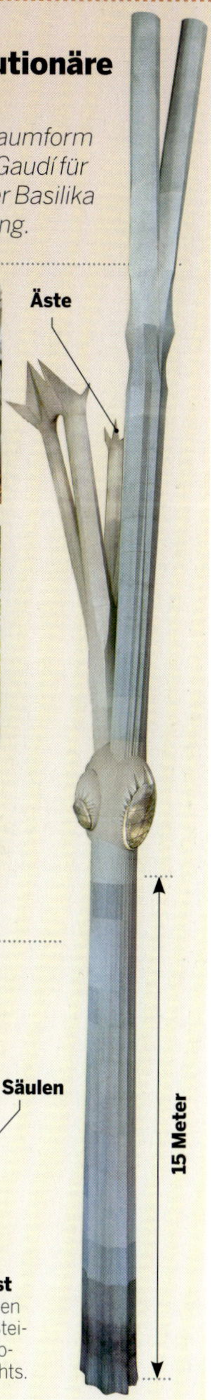

Gewölbe

Gaudí nahm Elemente der Gotik und der traditionellen katalanischen Architektur als Vorbilder und entwickelte daraus mit ständigem Blick auf seine Lehrmeisterin Natur bis dahin noch nie gebaute Strukturen.

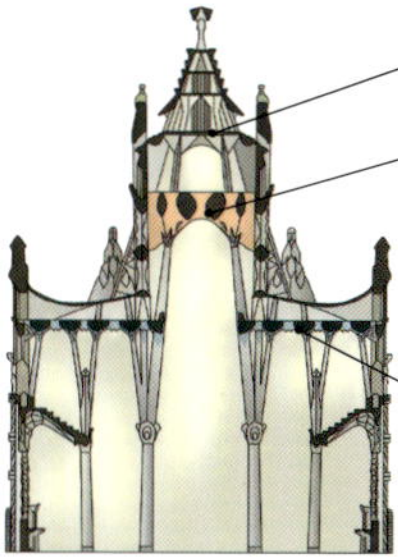

Decke

Mittleres Deckengewölbe Es thront 45 Meter über dem Boden des Schiffes.

Seitliche Gewölbe Die Gewölbe aus Beton erheben sich 30 Meter hoch über den Seitenschiffen.

Das Ende des Weges von Gaudí
Auf die baumartigen Säulen, die sich in der Höhe verzweigen, stützen sich die Gewölbedecken der Schiffe und des Transepts. Sie stellen den Höhepunkt der künstlerischer Entwicklung Gaudís und eine konsequente Weiterentwicklung der neogotischen Formen des ursprünglichen Projekts dar. Die dabei entstandene Fläche zweiter Ordnung ist ein Hyperboloid. Die leichte und Licht durchlässige Innendecke ist eine Prachtvariante des traditionellen katalanischen Gewölbes. Bei dieser in der Region weit verbreiteten Bauweise wird in der Regel mit Backsteinen gebaut, für den Bau der Basilika wurde jedoch für die Seitenschiffe – mit sternförmiger Anlage – Stahlbeton verwendet, und beim Mittelschiff wurden Keramikfliesen verbaut, aus denen schneckenförmige Formen, die an Palmblätter erinnern, gestaltet wurden.

1924
IN DEM JAHR entwickelte Gaudí das hyperbolische Gewölbe anstelle des Rippengewölbes.

Katalanisches Gewölbe Gaudí erfand für die Decke des Mittelschiffs die traditionelle Bauweise neu.

Gewölbe der Seitenschiffe Die Verzweigungen der Säulen stützen die sternförmigen Gewölbe der Basilika.

MODELLIERUNG DER GEWÖLBE. VORGEFERTIGTE TEILE AUS STAHLBETON

Die Innendecke der Seitenschiffe der Basilika wurde entsprechend den Originalplänen Gaudís aus Stahlbeton gebaut. Der Architekt sah ein System aus vorgefertigten Modulen vor, die zu einem sternförmigen Gewölbe verbunden werden sollten.

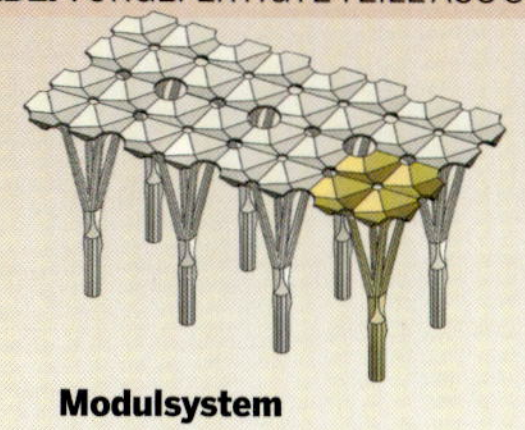

Modulsystem

Originalmodell von Gaudí

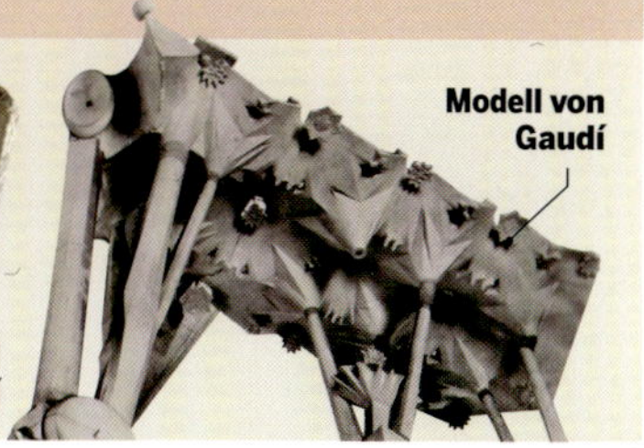

Modell von Gaudí

Tageslicht

Gaudí legte großen Wert darauf, die Mauern und Gewölbe so leicht wie möglich wirken zu lassen. Ein wichtiges Mittel dazu war der Einfall von Tageslicht. Licht symbolisiert dabei gleichzeitig die Präsenz Christi.

Vorbilder für die Kirchenfenster
Die Bauarbeiten der Sagrada Familia stets im Kopf gestaltete Gaudí die bunten Kirchenfenster für die Kathedrale in Palma de Mallorca.

Eine Kirche voller Licht

Die Solidität der von Gaudí in Jahrzehnte langen Studien entworfenen Tragestruktur gestattete es, an den Kuppeln des Gebäudes große Oberlichter in Hyperboloidform anzubringen, durch die Zenitlicht einfällt. Zusammen mit den enormen Öffnungen in den Mauern gewährleisten diese eine harmonische und gleichmäßige Beleuchtung des Inneren der Basilika. Die bunten Diffusore, die Gaudí zum Abdecken der großen Öffnungen an der Decke vorgesehen hatte, filtern das Tageslicht und schaffen dadurch eine zu innerer Einkehr und Gebet einladende Atmosphäre. Die gotischen Spitzfenster und die Rosetten im neogotischen Stil hatte Gaudí entworfen, um in sie eine von ihm erfundene neue Art von Kirchenfenstern einzusetzen. Der Architekt überlagerte dazu drei Scheiben in Primärfarben und erhielt auf diese Weise neue Farbtöne.

Die Fenster färben das Tageslicht bunt

1999
IN DEM JAHR
erhielt der Künstler Joan Vila-Grau den Auftrag zum Design der Kirchenfenster.

JOAN VILA-GRAU
Der Maler und Glaskünstler aus Barcelona war Mitarbeiter von Joan Miró und Experte für Kirchenkunst.

Rosette in einem Fenster

Oberlicht in einer Kuppel

Obere Kirchenfenster

Gewölbe über Altar

Kirchenfenster. Abstrakte Formen dominieren die von Joan Vila-Grau gestalteten Kirchenfenster. Er kombinierte dabei ein Bleigitter mit geraden Linien mit Kurvenlinien, die den Mustern Lebendigkeit verleihen. Als Kontrast zu diesen strengen Formen wählte Vila i Grau für jedes Fenster meisterhaft eine passende Farbpalette aus, wobei er die Mischung aus kalten und warmen Farbtönen der mittelalterlichen Kirchenfenster vermied. Das Ergebnis ist eine fast überirdische Atmosphäre, die durch die Qualität des Lichts und die Reflexe an den Innenmauern zustande kommt.

Künstliche Beleuchtung

Gaudí war es wichtig, für Abendgottesdienste eine angemessene Beleuchtung durch künstlichees Licht zu schaffen, die der Beleuchtung durch das Tageslicht so nahe wie möglich kommen sollte.

Studie zur Beleuchtung
Die Scheinwerfer in Hyperboloidform sitzen auf der Höhe der Knoten an den Säulen und schaffen eine Atmosphäre, die zur Meditation einlädt.

Warmes Licht in richtigem Maße
Trotz der technischen Beschränkungen, die zu Beginn des 20. Jhdt. bestanden, stellte sich Gaudí Lichtquellen vor, die für eine harmonische Beleuchtung durch künstliches Licht sorgen würden. Das Licht der Scheinwerfer sollte durch Diffusore fallen, die ihm Wärme verleihen und für und Modulation sorgen sollten.

Tageslicht und Scheinwerfer
Die mit christlichen Symbolen verzierten Elemente an den Öffnungen in den Kuppeln haben eine Doppelfunktion: sie filtern das Tageslicht und sorgen gleichzeitig für Beleuchtung mit künstlichem Licht.

Die Außenmauern

Durch Verzicht auf die Strebepfeiler, die die mittelalterlichen Kathedralen stützten, verfügen die Mauern der Sagrada Familia über deutlich mehr Fensterflächen, durch die Tageslicht ins Innere der Kirche gelangen kann.

1 **Alpha und Omega**
Erster und letzter Buchstabe des griechischen Alphabets als Symbol für Christus.

Sechs Abschnitte pro Seite

Jede der beiden Mauern, von denen die Basilika seitlich abgeschlossen wird, besteht aus einem wiederholten Abschnitt mit zwei übereinandersitzenden gotischen Spitzfenstern und einem Spitzgiebel darüber. Dieses Modul wiederholt sich sechs Mal an jeder Seite, fünf Mal auf der Länge der Seitenschiffe und ein Mal im rechten Winkel am Profil des Transepts. Die Entwürfe Gaudís für diesen Abschnitt zeigen die Entwicklung des Architekten von den neogotischen Formen vom Ende des 19. Jahrhunderts, die an den unteren Fenstern zu sehen sind, hin zu seinem persönlichen Stil, der an den oberen Spitzgiebeln mit elliptischen Formen zu erkennen ist. Diese Formen hatte Gaudí in seinen letzten Lebensjahren entwickelt. Diese letzte Lösung wiederholt sich auch an den hinteren Mauern des Mittelschiffs auf ca. 70 Meter Höhe.

Mauern von Seitenschiffen und Mittelschiff

2 **Erste Lösung für die Mauern**
Die unteren Fenster gestaltete Gaudí im neogotischen Stil, der zu Beginn des 20. Jhdt. dominierte.

3 **Zweite Lösung**
Mit den Jahren entwickelte der Architekt einen durch geometrische Formen geprägten Entwurf.

4 **Christliche Allegorie**
Die Mauern ziert ein Weihrauchfass neben dem lateinischen Wort für Weihrauch „*Thur*".

5 **Zunftwappen**
Sie ähneln denen an mittelalterlichen Kathedralen.

6 **Allegorien**
Sie sitzen an den Regenrinnen der Mauern.

Regenrohre
Die pyramidale Form vereint Funktion und Ästhetik.

Inschriften
Hergestellt als *Trencadís* aus buntem Muranoglas.

Dritte Lösung für die Mauern
Einfache Bauweise in deutlich geometrischem Stil.

Symbol Jesu
Der Anfangsbuchstabe J des Namens Jesu ist als Relief dargestellt.

34
METER
hoch sind die imposanten Mauern der Seitenschiffe der Sagrada Familia.

Obstbäume
Die Mauern der Schiffe sind mit Elementen aus der Natur verziert.

Christliche Symbolik

Die Außenmauern der Schiffe, die nicht durch Strebepfeiler gestützt wurden, bieten reichlich Fläche, um die von Gaudí vorgesehenen großflächigen Kirchenfenster und Dekorationslemente der christlichen Symbolik anzubringen, wie zum Beispiel die Bilder der heiligen Ordensgründer, die Inschriften und die Liturgietexte. Die Körbe mit Früchten thronen über den Fenstern und symbolisieren die Gaben des Heiligen Geistes.

SKULPTUR. DIE ORDENSGRÜNDER

Gaudí wollte Figuren der heiligen Gründer der wichtigsten religiösen Orden an die Mauerabschnitte zwischen den Fenstern und den Spitzgiebeln setzen.

Der Heilige Geist und die Eucharistie. Zur Krönung der Fensterseiten an Mittel- und Seitenschiff hatte Gaudí zwei Gruppen mit symbolischen Elementen vorgesehen. Für die Fialen des Seitenschiffs wählte er Symbole des Heiligen Geistes, dargestellt durch Früchte aus allen vier Jahreszeiten. Die zweite Gruppe an den Fialen des Mittelschiffs besteht aus Symbolen des heiligen Abendmahls, dargestellt sind Weizenähren und die heilige Form bestehend aus Weinreben und Abendmahlskelch.

07 DAS LETZTE WERK VON ANTONI GAUDÍ
Geburtsfassade

Die Ostfassade der Basilika enstand nach dem Modell, das Gaudí seinen Nachfolgern hinterlassen hatte.

„Eine Generation reicht nicht aus, um die Basilika zu errichten. Es gilt vielmehr, Zeugnisse unseres Schaffens zu hinterlassen, um damit die nachfolgenden Generationen dazu anzuregen, uns nachzueifern." Gaudí sagte mit diesen bescheidenen und pragmatischen Worten, aus denen ein großes Verständnis der Kunstgeschichte spricht, voraus, dass der Bau der Sagrada Familie einem Rhythmus folgen würde, der dem der großen mittelalterlichen Kathedralenbauten ähnlich sein würde. Das Zeugnis, auf das sich der Architekt bezog, war die Geburtsfassade, deren Bau 41 Jahre dauern sollte und die erst 1936, also zehn Jahre nach dem tragischen Unfalltod Gaudís, mit der Fertigstellung der Fialen der drei Portale vollendet werden würde. Diese Fassade ist der einzige Teil der Basilika, der komplett von Gaudí entworfen wurde und die er noch fast fertig gesehen hat. Dadurch wurde sie quasi zum Musterbeispiel für die „gaudianische" Sagrada Familia und diente und dient den Nachfolgern Gaudís auf der Baustelle als Vorlage. Die Skulpturengruppen und Dekorationselemente der Fassade werden von ihnen als Beispiele für das gesamte Projekt herangezogen. Ihre Entstehung war zum großen Teil den Spenden wohlhabender Familien Barcelonas zu verdanken, die es Gaudí ermöglichten, seinem Entwurf für die Fassade Gestalt zu verleihen. Wichtig war dabei auch die Entschiedenheit des Verwalters des Projekts, der den Architekt immer wieder dazu anhielt, das durch Spenden zusammengekommene Geld schnell für Modelle, Baumaterial, Kunsthandwerker und Bauarbeiter auszugeben, bevor es vom Bischof von Barcelona auf andere Projekte verteilt werden konnte, wie es damals allgemein üblich war.

Portal der Hoffnung
Das Portal links an der Geburtsfassade ist dem heiligen Josef als Schutzpatron der katholischen Kirche gewidmet.

Tordekoration
Ein kunstvoll gearbeitetes schmiedeeisernes Tor vor der Vortreppe am Eingang trennt die Geburtsfassade von der Straße.

Triumph des Lebens

Die nach Osten weisende Geburtsfassade mit drei Portalen stellt die wichtigsten Ereignisse der ersten Lebensjahre Christi dar und vermittelt durch ihre Ornamente und Skulpturen Optimismus und Lebensfreude.

Drei Portale unter vier Türmen

Gaudí betrachtete die Gotik zwar als einen unvollendeten Stil, folgte bei der Gestaltung der Geburtsfassade jedoch dem typischen Schema dieses Baustils und sah drei Portale vor, die von den vier Glockentürmen der Ostfassade eingerahmt werden. Sie liegen in den Öffnungen, die von den Turmbasen gebildet werden. Der Architekt widmete die Fassade den Angehörigen der heiligen Familie, die er jeweils mit einer christlichen Tugend verband: Das linke Portal ist das der Hoffnung, der mit Josef verbundenen Tugend. Das mittlere Barmherzigkeitsportal ist Jesus gewidmet. Es reicht bis zur Fiale des Lebensbaums, die es in der Höhe mit den Türmen aufnehmen kann. Das rechte Portal ist das des Glaubens und ist der Muttergottes gewidmet.

Das Modell von Josep Maria Jujol. Der Architekt, Schüler von Gaudí, experimentierte mit Farben, um die Fassade bunt zu gestalten.

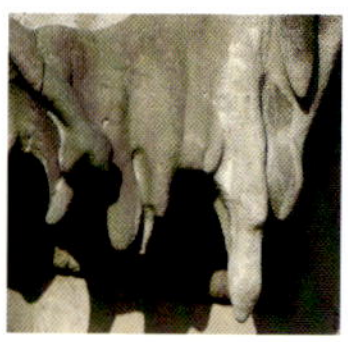

Schnee aus Stein
Einige der Zierelemente an der Fassade wurden mit Schneeflocken bedeckt, eine Anspielung an Weihnachten.

CHRONOLOGIE. FORTSCHRITTE DER FASSADE

1896
Wiederaufnahme des Baus
Zwei Jahre nach Beginn des Fundaments nehmen die Pfeiler langsam Form an.

1899
Struktur der Portale
In diesem Jahr war die Basis der Fassade mit den Portalen fast fertiggestellt.

1920
Basis der Glockentürme
Sechs Jahre vor dem Tod Gaudís fehlten nur noch die Türme der Fassade.

1 **PORTAL DER HOFFNUNG**

2 **BARMHERZIGKEITS PORTAL**

3 **PORTAL DES GLAUBENS**

***** **Die Geburtsfassade**
Die Portale sitzen in den konkaven Nischen an der Basis der Türme.

Fiale des Glaubens

Seitenbalkone

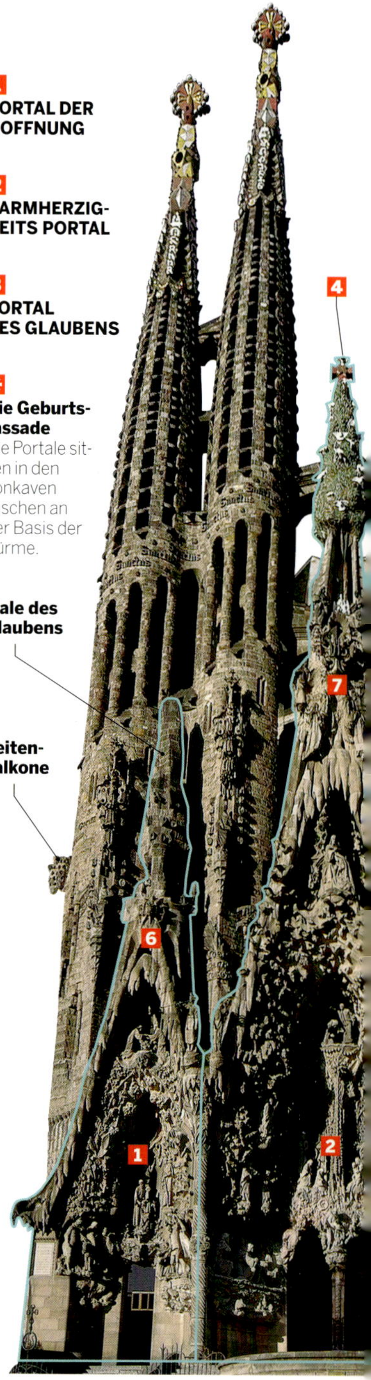

4 **Der Lebensbaum**
Die Krönung des Portals der Barmherzigkeit und Symbol für das ewige Leben.

1936
IN DEM JAHR
wurde die Struktur der Fassade mit Errichtung des Lebensbaums vollendet.

Pflanzen und Tiere
An der Fassade sind viele Tiere und Pflanzen abgebildet.

2005
IN DEM JAHR
wurde die Geburtsfassade der Basilika zur UNESCO-Welterbestätte erklärt.

5 **Marienfiale**
Die krönende Spitze des Portals des Glaubens, geschmückt mit der Figur der Madonna Immaculata.

2 **Portal der Barmherzigkeit**

1 **Portal der Hoffnung**

3 **Portal des Glaubens**

Die ersten Lebensjahre Jesu

Die Fassade stellt Szenen zu Empfängnis, Geburt, Kindheit und Jugend Jesu dar, beginnend bei der Verkündigung bis zum Streitgespräch Jesu mit den Schriftgelehrten. Die Bildhauer, die Gaudís Ideen umsetzten, zeigen ein menschliches Antlitz von Gottes Sohn mit Szenen voller Fröhlichkeit, Zärtlichkeit und Lebendigkeit, mit denen die Idee der Schöpfung gepriesen wird: die Natur in ihrem ganzen Glanz scheint die Ankunft des Messias zu feiern. Um den Gläubigen die Skulpturen näher zu bringen, ließ der Architekt Alltagsobjekte der damaligen Zeit wie Werkzeuge und Haus- und Nutztiere abbilden, mit denen die Menschen sich identifizieren konnten.

6 **Symbol der Jungfrau María**

7 **Symbol von Jesus**

8 **Symbol von Josef**

Die imposanten Säulen

Die drei Portale an der Ostfassade der Basilika werden durch zwei enorme Säulen getrennt, auf denen Engelspaare thronen, die mit ihren Trompeten die Geburt des Heilands verkünden.

Zwischen Irdischem und Himmlischen

Der Eingang an der Geburtsfassade ist zwar nur ein Seiteneingang, Gaudí platzierte hier jedoch trotzdem zwei monumentale Säulen wie am Eingang eines Tempels, mit denen die drei Portale der Fassade voneinander getrennt werden. Die an der Mauer angebauten Säulen haben einen extrem hohen Schaft mit spiralförmigen Hohlkehlen. Auf der breiter werdenden Mitte sind sie mit Pflanzenmotiven verziert und tragen die Namen der Personen, denen sie gewidmet sind:der heilige Josef auf der linken Seite und die Jungfrau Maria auf der rechten Seite. Beide Säulen stellen die Verbindung zwischen dem Irdischen und dem Himmlischen dar und werden von Kapitellen gekrönt, die Palmzweigen nachempfunden sind. Daran hängem Datteln. Über allem thronen die jubilierenden Trompetenengel.

Die Engel der Geburt
Die Engel verkünden mit ihren Trompeten aus Bronze lautstark die Ankunft des Sohn Gottes auf Erden.

1 **Kugeln**
Die Trompetenengel stehen auf Kugeln, die das Sonnenlicht symbolisieren sollen.

1899
IN DEM JAHR
wurden die Skulpturen der Engel der Verkündigung an der Geburtsfassade installiert.

DER BILDHAUER. LLORENÇ MATAMALA

Llorenç Matamala (1856-1925) war ein enger Freund von Gaudí. Er leitete die Bildhauerwerkstatt und schuf viele der Skulpturengruppen der Geburtsfassade, darunter die Trompetenengel, Kindermord von Betlehem, Flucht nach Ägypten, das Boot des heiligen Josef, Jesus als Zimmermann und die Immaculata.

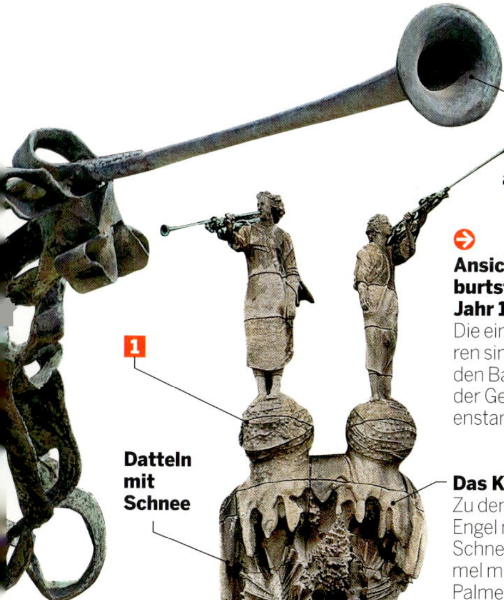

Instrument als Symbol der Verkündigung

1

Datteln mit Schnee

4

2

3

Josefssäule
Zwischen Hoffnungs- und Barmherzigkeitsportal.

2 **Inschrift des heiligen Josef**
Mittlere Trommel der Josef gewidmeten Säule.

Inschrift Mariä
Die Mariensäule trennt das Barmherzigkeitsportal vom Glaubensportal.

Ansicht der Geburtsfassade im Jahr 1897
Die einzelnen Skulpturen sind parallel zu den Bauarbeiten an der Geburtsfassade enstanden.

Das Kapitell
Zu den Füßen der Engel mischt sich Schnee aus dem Himmel mit Blättern des Palmenbaums und anderen Symbolen für wärmere Gefilde.

13,5
METER
hoch sind die beiden Säulen an der Geburtsfassade insgesamt.

Säulenschaft
Die spiralförmigen Hohlkehlen erinnern an die Säulen Salomons im Tempel von Jerusalem.

Schildkröten
Die Säule, die dem Berg am nächsten ist, schmückt eine Landschildkröte.

Verkünder der Geburt Jesu

Auf jeder Säule stehen zwei schlichte Engel, die wie die anderen Engel der Fassade auch keine Flügel haben. Sie verkünden mit Trompeten aus Bronze die Geburt Jesu. Modelle für die Skulpturen des Bildhauers Llorenç Matamala waren drei Militärmusiker und der Illustrator Ricard Opisso, ein Mitarbeiter Gaudís.

4 **Kapitell mit Palmblättern**

Meeresschildkröte

Basis der Säule

3

Portal der Hoffnung

Das Portal der Hoffnung ist dem heiligen Josef gewidmet und befindet sich an der linken Seite der Fassade. Es zeigt verschiedene Szenen aus dem Leben der heiligen Familie, darunter auch Alltagsszenen.

Berg- und Flusslandschaft
Das Portal der Hoffnung erreicht zwar nicht die Höhe des mittleren Portals, es ist mit seiner Vertikalität jedoch ideal, um ein Bergmassiv wie den Montserrat darzustellen. Die Pflanzenmotive und Tierfiguren, die es zieren, erinnern an eine Nillandschaft und sind eine Anspielung auf eine der an diesem Portal dargestellten Hauptszenen: die Flucht aus Ägypten, nachdem Josef ein Engel im Traum erschienen war und ihn vor dem Kindermord auf Befehl des Herodes gewarnt hatte. Diese Bibelszene wird auf dem Portal in besonderer Deutlichkeit dargestellt, mit der die ganze Grausamkeit des Geschehens zum Ausdruck kommt.

1 **Verlöbnis der Jungfrau Maria mit dem heiligen Josef**

5
SKULPTUREN-GRUPPEN
schmücken neben anderen Steinelementen das Portal.

1935
IN DEM JAHR
wurden die letzten Skulpturen des Portals der Hoffnung abgeschlossen.

Flucht nach Ägypten
Ein Engel geleitet die heilige Familie, Maria trägt Jesus.

6 **Die Chamäleons**
Symbol für den ständigen Wandel, im Gegensatz zur Schildkröte.

5 **Rosenkranz**
Insgesamt 59 Kugeln rahmen die Fenster des Portals ein.

* **Der heilige Berg**
Gaudí spielt damit auf den Montserrat an, wo die Figur der Schutzpatronin von Katalonien gefunden wurde.

Gebet
Die Fiale des Portals schmückte Gaudí mit dem Gebet ‚Sálvanos'.

Zuflucht der heiligen Familie

3 **Werkzeuge**

4 **Fauna des Nils**

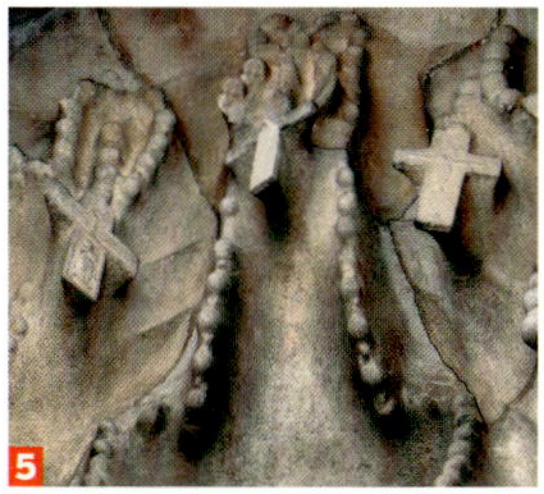
5 **Kugeln des Rosenkranzes**

6 **Chamäleon**

7 **Der Kindermord in Betlehem** Llorenç Matamala stellte einen römischen Soldaten dar, der ein Kind tötet

3 METER hoch ist die dramatische Skulptur, die den Kindermord in Betlehem darstellt.

Sechs Zehen Die sechs Zehen des Soldaten sind ein Symbol für seine Grausamkeit.

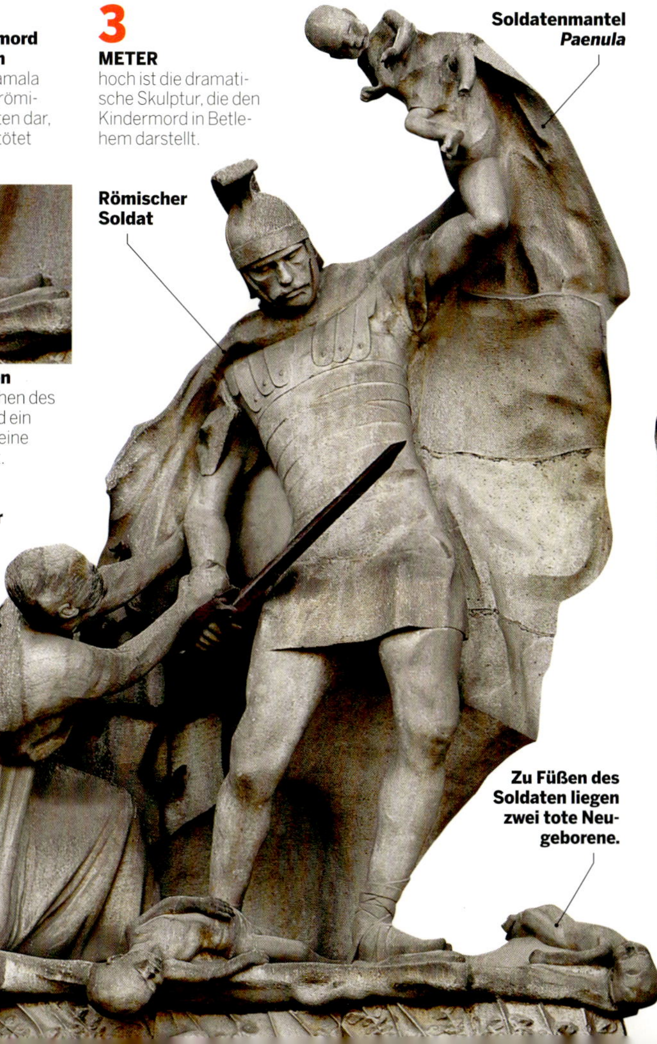

Familienszenen

Zu den Skulpturengruppen, mit denen Szenen aus der Kindheit Jesu dargestellt werden, gehört die auf dem Bogenfeld des Hoffnungsportals abgebildete Szene: Jesus zeigt Josef eine verletzte Taube, ein Symbol des Heiligen Geistes, und seine Großeltern Sant Joachim und Santa Anna schauen bewegt zu.

Die Familie von Jesus Werk von Llorenç Matamala nach Vorlage von Gaudí. Die Skulpturengruppe wird von einem Rosenkranz eingerahmt.

ZERSTÖRUNG. BÜRGERKRIEG

Die fertiggestellte Geburtsfassade wurde während der Ausschreitungen gegen die Kirche zu Beginn des spanischen Bürgerkriegs im Juli 1936 schwer beschädigt.

Die Fiale des heiligen Josef

Der heilige Josef ist Schutzpatron der Kirche und des Bauvereins. Er steuert sein Boot unter den stilisierten Bergkronen, deren Vorbild die Felsen des Montserrats, heiliger Berg von Katalonien, waren.

'Sálvanos'
Der Felsen über der Skulpturengruppe des Bootes des heiligen Josef trägt als Ausdruck der Hoffnung die Aufschrift 'Sálvanos' (Rette uns) in Reliefdarstellung.

Steuermann der katholischen Kirche

Die Werkstatt von Llorenç Matamala schuf im Auftrag Gaudís eine Skulptur für das Hoffnungsportal, die Josef als Steuermann zeigen sollte. Das Boot steht für den Weg der katholischen Kirche, sein Steuermann ist Haupt der heiligen Familie und Vater der katholischen Kirche. Die Höhle, die das Boot durchquert, und die Dunkelheit stehen für die Schwierigkeiten Josefs, seinen Weg zu finden. Die unterirdischen Wasser, auf denen das Boot fährt, versinnbildlichen die spirituelle Reinheit und die regenerierende Kraft des Wassers. Der angedeutete Fluss verläuft unter stilisierten Felsen, deren Formen nach dem Vorbild des Bergmassivs Montserrat gestaltet wurden. Dies wird als Hommage an die Schutzpatronin von Katalonien verstanden, deren Skulptur einst in einer Höhle in der Nähe des Berges gefunden worden war.

38
METER
hoch ist das Portal der Hoffnung insgesamt vom Boden bis zur Fiale.

Montserrat
Gaudí nahm das Bergmassiv in der Nähe von Barcelona zum Vorbidl für das Portal.

Der heilige Josef
Die starke Ähnlichkeit Josefs mit Gaudí soll einer posthumen Hommage seiner Mitarbeiter zu verdanken sein.

SYMBOLIK. ELEMENTE DES BOOTS DES HEILIGEN JOSEF

Vier Gegenstände schmücken das Boot: Das Ruder, mit dem er das Boot steuert, die Taube - Symbol des Heiligen Geistes - über dem Baldachin, Sinnbild der Arche Noah, der Anker als Symbol für die Solidität der Kirche und die Laterne als Symbol für das Wort.

Das Steuer des Boots

Taube

Der Anker

Laterne

Portal der Barmherzigkeit

Mit der Skulpturengruppe der Geburt, welche die Mittelachse bildet, wird das Portal der Barmherzigkeit zu einer Ode an die Freude, die Großzügigkeit und die Nächstenliebe.

Das Tor von Bethlehem

Das mittlere und gleichzeitig größte Portal an der Geburtsfassade ist Jesus Christus und der Hoffnung als der dritten christlichen Tugend gewidmet. Die mannigfachen Skulpturen und Ornamente an dieser Fassadenseite verbergen fast den konkav gewölbten Raum, der von den Mauern des Portals gebildet wird und der wie ein schützender Mantel wirkt. Er soll auf das Tor der Stadt Bethlehem anspielen, in der der Heiland geboren wurde. Die Skulpturengruppen dieses Portals stellen eine Reihe von Personen dar, die in den Bibelszenen zu Jesu Geburt erwähnt werden. Insgesamt sind es 33 menschliche Figuren, dazu kommen unzählige Pflanzenmotiven und auch Haus- und Nutztiere, mit denen Gaudí die Unschuld und die Natürlichkeit zum Ausdruck bringen wollte, die bei der Feier der Geburt des Heilands herrschten.

1 **Chor der Kinderengel** Skulpturengruppe von Etsuro Sotoo.

2 **Die Musiker.** Etsuro Sotoo stellte die Engel als Musiker dar, die auf modernen Instrumenten spielen.

RENOVIERUNG. DER BILDHAUER ETSURO SOTOO

Seit 1978 hat der japanische Bildhauer Etsuro Sotoo an der Renovierung der Skulpturengruppen der Fassade mitgearbeitet, von denen viele 1936 im Bürgerkrieg zerstört worden waren.

Rekonstruktion

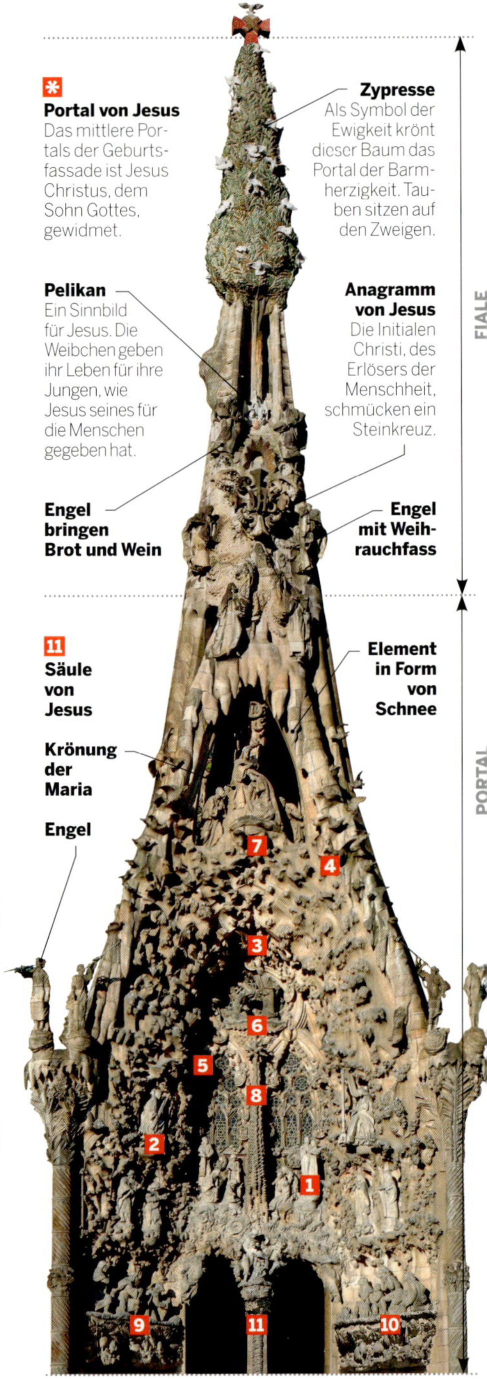

* **Portal von Jesus** Das mittlere Portals der Geburtsfassade ist Jesus Christus, dem Sohn Gottes, gewidmet.

Zypresse Als Symbol der Ewigkeit krönt dieser Baum das Portal der Barmherzigkeit. Tauben sitzen auf den Zweigen.

Pelikan Ein Sinnbild für Jesus. Die Weibchen geben ihr Leben für ihre Jungen, wie Jesus seines für die Menschen gegeben hat.

Anagramm von Jesus Die Initialen Christi, des Erlösers der Menschheit, schmücken ein Steinkreuz.

Engel bringen Brot und Wein

Engel mit Weihrauchfass

11 **Säule von Jesus**

Element in Form von Schnee

Krönung der Maria

Engel

3 **Sternzeichen**

4 **Natur**

5 **Rosenkranz**

Die Verkündigung
Das Werk des Bildhauers Jaume Busquets zeigt die Szene, in der der Erzengel Gabriel Maria verkündet, das sie dazu auserwählt ist, Gottes Sohn zur Welt zu bringen.

6

7

Krönung der Jungfrau Maria
Das Werk von Joan Matamala, Sohn von Llorenç Matamala, zeigt die Szene, in der Maria für ihre selbstlose Liebe zu Gott mit der Krone belohnt wird.

Maria
Sie kniet vor ihrem Sohn, der sie zur Königin von Himmel und Erden krönt.

Der heilige Josef

Der Heilige Geist

Krone
Ihr metallischer Glanz bildet einen Kontrast zu der matten, okerfarbenen Fassade.

Szenen aus dem Leben von Maria

Das gesamte Portal ist zwar Jesus gewidmet, die Jungfrau Maria ist dennoch Protagonistin verschiedener Skulpturengruppen, wie bei der Verkündigungsgruppe am Spitzbogenfenster, durch das Licht ins Transept fällt. Die Krönungsszene oben am Portal, die von einer großen Mauernische in typisch gaudianischem Stil geschützt wird. Die Szene wird durch das Fehlen anderer Skultpuren in dem Bereich hervorgehoben.

Stern von Bethlehem
Das Zeichen des Himmels, das die Ankunft des Messias ankündigt, weist zum Himmel, sein Schweif zur heiligen Familie.

2000
IN DEM JAHR
wurde die Rekonstruktion der Engelschöre am Barmherzigkeitsportal durch den japanischen Bildhauer Etsuro Sotoo beendet.

8

9 **Die Könige aus dem Morgenland**

10 **Anbetung durch die Hirten**

Die Säule von Jesus

Der Haupteingang an der Geburtsfassade besteht aus einem Tor aus zwei Bögen, die von einem Mittelpfosten geteilt werden, der die Skulpturengruppe der heiligen Familie trägt.

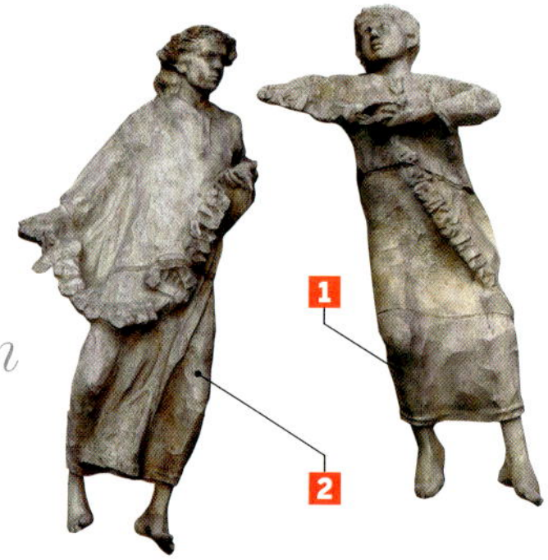

Engel ohne Flügel Keiner der vielen Engel an der Geburtsfassade ist mit Flügeln dargestellt, denn Gaudí verteidigte mit Nachdruck die Ansicht, dass Engel nicht fliegen können.

Rund um die Geburtsszene

Gaudí ließ die Skulpturengruppe der Geburtsszene, Mittelpunkt der gleichnamigen Fassade, auf der Säule am Mittelpfosten des Barmherzigkeitsportals setzen, die sich am Eingang der Basilika erhebt. Die fertige Szene konnte jedoch erst am 19. März 1958, dem Namenstag des heiligen Josef, an der Fassade installiert werden. Sie ist ein Werk des Bildhauers Jaume Busquets, der Schüler des Modernisme-Vertreters Joan Llimona und von Gaudí selbst war. Die von Busquets gestaltete Krippendarstellung, bei der Ochse und Maultier die heilige Familie umgeben, lenkt den Blick des Betrachters zur Figur des Kindes, das von der Jungfrau geschützt und gleichzeitig präsentiert wird. Diese Szene bildet die Hauptachse der umliegenden Skulpturen.

3 Geburtsszene Auf dem Kapitell der Säule steht eine Krippendarstellung mit Ochsen und Maultier neben der heiligen Familie.

1958 IN DEM JAHR wurde die Skulptur, ein Werk des katalanischen Bildhauers Jaume Busquets, an der Fassade installiert.

STUDIE ZUR SKULPTUR

Jaume Busquets fertigte zuerst ein Terrakottamodell von der Geburtsszene an.

Stehender Josef

Maria hält Jesus im Arm

Ochse

Stützsockel

Die Tiere der Krippe Ochse und Maultier rahmen Maria und Josef mit dem neugeborenen Jesus ein.

4 ***„Gloria (in) excelsis Deo“*** An der Oberseite der Tore stehen die Worte, mit denen der Engel den Hirten die Geburt des Heilands verkündete.

Rosen

Palmblatt
Siegessymbol in antiken Kulturen und eine Anspielung auf den Palmsonntag, den Sonntag vor Ostern.

7
Symbolisches Gitter
Das Eisennetz, das die Basis des Mittelpfostens umgibt, hindert die Schlange an der Flucht.

Eisengitter

Stützelemente

Basis aus Stein

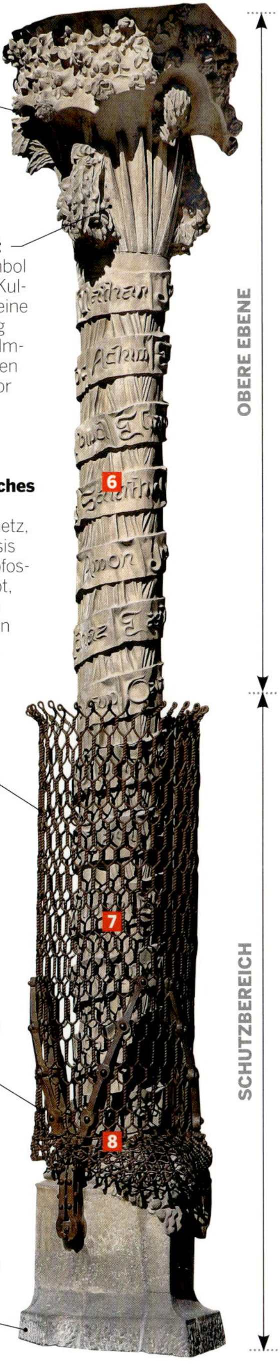

5
METER
hoch ist die Jesussäule, die der Mittelpfosten des Haupteingangs der Fassade ist.

Der Name Jesus
Diese Inschrift findet sich ganz oben am Kapitell unter der Skulpturengruppe der Geburtsszene.

Datteln
Die Früchte der Palme schmücken das Kapitell der Jesus gewidmeten Säule.

40
NAMEN
des Stammbaums Jesu zieren den Schaft der Mittelsäule am Barmherzigkeitsportal.

Die Schlange
Das Reptil mit dem Apfel ist eine Anspielung auf den Sündenfall im Paradies.

Der Mittelpfosten teilt das Barmherzigkeitsportal in zwei Bögen

Die Säule von Jesus

Die Säule mit Kapitell mit Pflanzenmotiven trägt die Krippendarstellung. Sie ist gleichzeitig der Mittelpfosten, der das Hauptportal teilt. Sie ist in ein spiralförmig verlaufendes Band gewickelt, auf dem der Stammbau Jesu zu sehen ist. An der Basis beißt als Symbold der Erbsünde eine Schlange in einen Apfel.

Stammbaum Jesu
Das Band um die Säule trägt die Namen der Vorfahren Jesu ab Abraham.

SYMBOLIK. DIE SCHLANGE UND DIE ERBSÜNDE

Gaudí platzierte die Schlange und den Apfel am Mittelpfosten, um das Sündensymbol als Ursprung der Geburt Jesu Geburt darzustellen. Denn die Erbsünde war der ursprüngliche Grund für die Menschwerdung Gottes.

„Sündenfall", Michelangelo

Die Sternzeichen
Das Gewölbe über der Verkündigung ziert dieselbe Sternenkonstellation, die in der Nacht von Jesu Geburt am Himmel stand.

Die Natur am Portal

Die Geburtsfassade blickt zur Morgensonne hin, die ein Sinnbild für das Leben ist. Besonders das Portal der Barmherzigkeit feiert mit zahlreichen Elementen des blühenden Lebens die Ankunft des Heilands.

Pflanzenmotive
Die kunstvoll gestalteten plastischen Pflanzenmotive an der Geburtsfassade verbinden auf gelungene Weise die einzelnen Skulpturengruppen miteinander.

Wärme und Symbolik
Bei der Gestaltung der Dekorationselemente des Barmherzigkeitsportals kam es Gaudí besonders auf Wirkung und Symbolkraft. Um dies zu erreichen, entschied er, die Mauern komplett mit biblischen Szenen und Personen rund im das Leben Jesu zu bedecken. Besonderen Stellenwert hatten dabei Szenen der Weihnachtsgeschichte. Dies hat viel zu der Wärme und der Beliebtheit der Fassade beigetragen. In diesem Sinne hat jedes Element eine bestimmte symbolische Bedeutung: die Vögel sind Botschafter zwischen Himmel und Erde, die Schlange dagegen steht für das rein Weltliche. Die Üppigkeit der Blumen symbolisieren den Frühling als Zeichen für den Beginn eines neuen Zyklus, während die Zypresse, die das Portal krönt, auf den Lauf der Zeit und die Tauben um sie herum auf die Anwesenheit von des Heiligen Geistes anspielen.

18
ARTEN
an Pflanzen und Blumen sind am Barmherzigkeitsportal zu sehen.

Eichhörnchen
Neben Haustiere findet man an der Fassade auch Tiere aus freier Wildbahn.

Blumen
Die fein gearbeiteten Blumen aus Stein schaffen Hell-Dunkel-Kontraste an den Mauern.

TRADITION. HAUS- UND NUTZTIERE

Gaudí wollte mit den Zierelementen an der Geburtsfassade an Weihnachten erinnern und ließ daher verschiedene Haus- und Nutztiere darstellen, von denen viele Teil der traditionellen Weihnachtskrippe sind, die in Katalonien sehr beliebt und weit verbreitet ist.

Truthahn

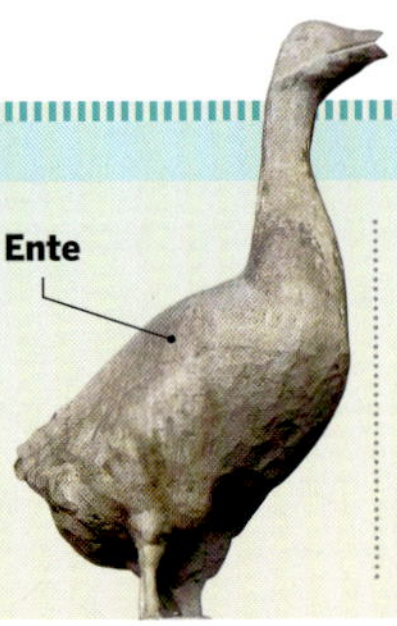

Ente

Hund

Lamm

Vögel
Die in alle Richtungen fliegenden Vögel an dem Portal symbolisieren die gute Nachricht, die vom Himmel auf die Erde gekommen ist.

Die muszierenden Engel

Rund um die Geburtsszene herum feiert der Chor der Kinderengel in Begleitung einer Band mit sechs Musikern die gute Nachricht. Die Musiker spielen dabei auf volkstümlichen Instrumenten.

Volkstümliche Instrumente
Drei der muszierenden Engel spielen auf für die Katalonien typischen Volksmusikinstrumenten: Gitarre, Dudelsack und Tamburin verleihen der Szene einen fröhlichen, volkstümlichen Charakter.

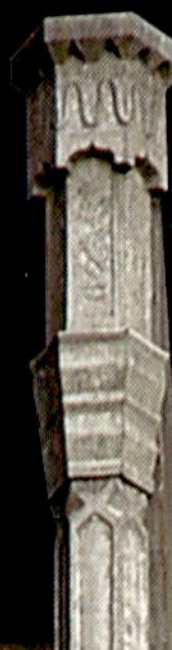

Musik auf Stein
Gaudí wollte das Jesuskind von himmlischen Heerscharen umgeben darstellen. Die Engel sollten klassische und volkstümliche Instrumente spielen, um alle Klassen der Bevölkerung abzubilden. Das Ganze sollte der Geburtsfassade einen deutlich fröhlichen und festlichen Charakter verleihen.

Der Engelschor
Die Originalskultpuren waren aus Gips und wurden 1936 zerstört. Die heutigen Skulpturen sind eine Interpretation des japanischen Bildhauers Etsuro Sotoo, der die Figuren nach Vorschlägen von Gaudí gestaltet hat.

Der Lebensbaum

Im Kontrast zu den einfach dargestellten Bibelmotiven, mit denen die Fassade geschmückt ist, steht die hohe Fiale, die das Portal der Barmherzigkeit krönt. Sie ist die symbolische Synthese der gesamten Fassade.

Symbol der Ewigkeit
Gaudí sah als Krönung des Portals und als symbolische Verbindung aller drei Portale der Geburtsfassade den Lebensbaum vor, der eine Allegorie für den Triumph des Heilands und seine Hinterlassenschaft ist. Der Baum, eine Zypresse, steht mit seinen immergrünen Blättern und seinem harten Holz für die Ewigkeit. Der Grünton hebt sich von dem Stein der Fassade ab und lässt die Idee, mit der Gaudí viele Jahre lang spielte, attraktiv erscheinen: er erwog, die Skulpturen der Basilika farbig zu gestalten. Der Architekt ließ die Zypresse mit dem Symbol der heiligen Dreifaltigkeit krönen und sah vor, dass 21 weiße Tauben aus Alabaster um den Baum fliegen sollten. Zu den Füßen des Baums sitzt als Abendmahlssymbol ein Pelikan, der seine Jungen füttert. Die beiden siebenstufigen Leitern an der Zypresse stellen das Streben nach dem ewigen Leben dar.

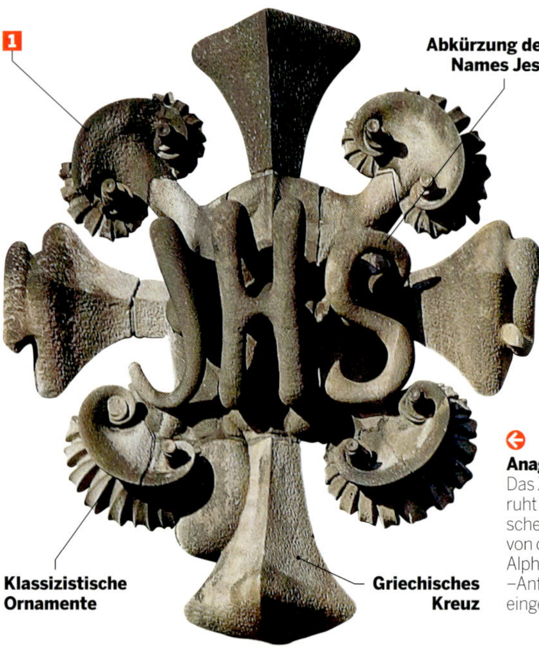

Anagramm für Jesus
Das Zeichen Christi ruht auf einem griechischen Kreuz und wird von den Buchstaben Alpha und Omega –Anfang und Ende– eingerahmt.

ZYPRESSE
Symbol für das ewige Leben und wegen seiner tiefen Wurzeln für die Verbindung zwischen Himmel und Erde.

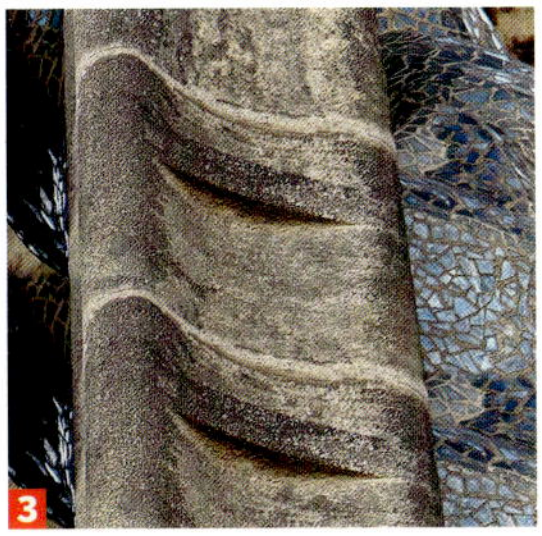

2
Weihrauch
Das Anagramm von Jesus wird von Weihrauch eingerahmt.

3
Zwei Leitern
Die Leitern an der Zypresse sind Ausdruck für den Wunsch, zu Gott zu gelangen.

4
Symbol für Eucharistie
Früher glaubte man, der Pelikan öffne sich die Brust, um seine Küken zu füttern. Er wurde so zum Symbol für die Eucharistie.

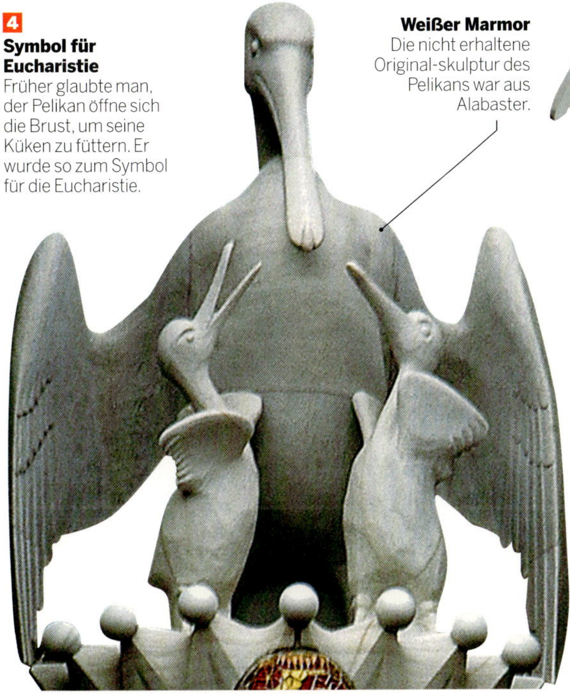

Weißer Marmor
Die nicht erhaltene Original-skulptur des Pelikans war aus Alabaster.

6
Tauben
Die Tauben aus Alabaster wurden durch Marmortauben ersetzt.

21
TAUBEN
fliegen um den Lebensbaum, der das Portal der Barmherzigkeit krönt.

Ei
Symbol für den Ursprung des Universums, trägt das Anagramm Christi.

Die Engel mit Weihrauch
Als Zeichen der Reinigung schwenken die Engel unter der Zypresse den heiligen Rauch in den Weihrauchfässern.

EUCHARISTIE

Engel bringen Brot und Wein

Die Skulpturen unten am Stamm des Lebensbaums gehören zu den wenigen von Gaudí selbst gefertiggen Skultpurengruppen.

Engel mit Brot in der Hand

7

Werk von Gaudí

8

1927
IN DEM JAHR
knapp ein Jahr nach Gaudí starb der Leiter der Bildhauerwerkstatt Llorenç Matamala.

Engel mit Wein
Er trägt eine Amphore mit Wein als Symbol für das Blut Christi.

Studie von Gaudí

Sanctus
Sanctus
Sanctus

Farben. Viele der von Gaudí oder von seinen Mitarbeitern erhalten gebliebenen Dokumente zeigen, dass der Architekt tatsächlich vorhatte, die Geburtsfassade farbig zu gestalten. Der Lebensbaum, der das Portal der Barmherzigkeit krönt, ist ein Beispiel dafür, wie die riesige Fassadenfläche farbig wirken würde: die grünen Blätter der Zypresse bilden einen Kontrast zu dem roten *Trencadís*-Mosaik aus Keramik, das das Kreuz schmückt, und zu den erst kürzlich restaurierten weißen Tauben aus Marmor.

Portal des Glaubens

Das Portal befindet sich an der rechten Ecke der Geburtsfassade, die der Jungfrau Maria gewidmet ist. Im Mittelpunkt steht jedoch ihr Sohn Jesus als Kind und junger Mann.

1 Heimsuchung Mariä Die Skulpturengruppe an der linken Seite des Portals zeigt den Besuch der mit Jesus schwangeren Maria bei ihrer Verwandten Elisabet, die mit Johannes dem Täufer schwanger ist.

Maria und Jesus

Zu Ehren der Jungfrau Maria ließ Gaudí die Skulpturengruppen der Unbefleckten Empfängnis (Immaculata) und der Heimsuchung Mariä anfertigen, die den Glauben Marias zum Ausdruck bringen, mit der sie die ihr von Gott zugedachte Aufgabe annahm. Andere Skulpturengruppen stellen andere Szenen dar, in denen Jesus zu sehen ist: Die Präsentation des neugeborenen Jesus im Tempel von Jerusalem, wie es nach jüdischer Sitte üblich war, und Jesus als Prediger in demselben Tempel, wie ihn seine eine Ebene unter ihm dargestellten Eltern stolz betrachten. Wegen ihrer Dimensionen, ihrer Schlichtheit und ihrer Natürlichkeit besonders bekannt und beliebt ist die Darstellung von Jesus als Zimmermann.

2 Zimmermann Llorenç Matamala stellte Jesus dar, wie er seinem Vater in der Werkstatt in Nazaret bei der Arbeit hilft.

Haltung An dieser Skulptur wird die Menschlichkeit Jesu vor seiner Göttlichkeit betont.

3 Josef und Maria Die Eltern von Jesus betrachten überrascht, wie ihr Sohn im Tempel von Jerusalem predigt.

4 Chamäleon. Dieses Tier, das seine Farbe ändern kann, ist an den Ecken der Fassade zu sehen und symbolisiert den Wandel.

Modell der Figur Entwurf für die Figur von ‚Jesus als Zimmermann' in der Werkstatt der Basilika.

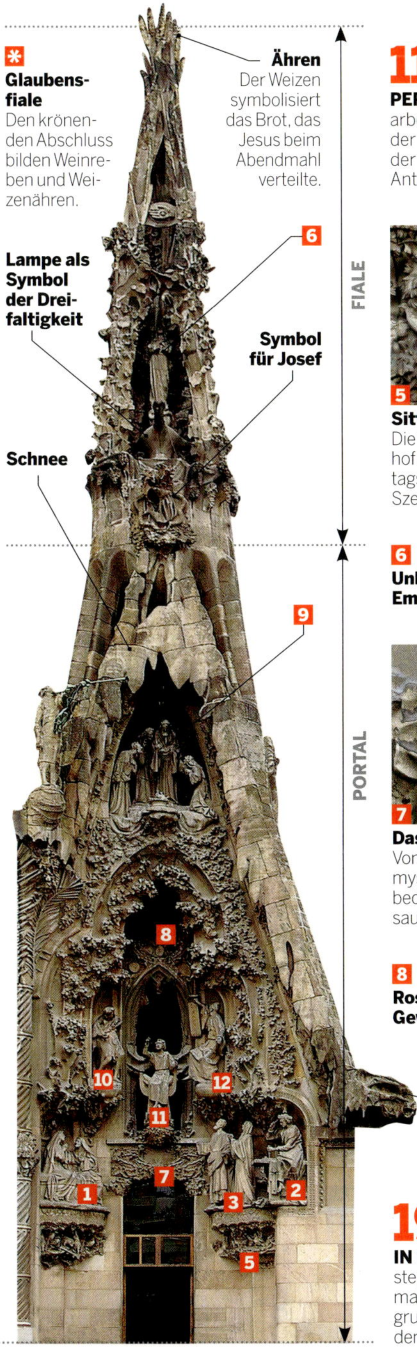

Glaubensfiale Den krönenden Abschluss bilden Weinreben und Weizenähren.

Ähren Der Weizen symbolisiert das Brot, das Jesus beim Abendmahl verteilte.

Lampe als Symbol der Dreifaltigkeit

Symbol für Josef

Schnee

112

PERSONEN arbeiteten 1897 auf der Baustelle unter der Leitung von Antoni Gaudí.

Sittenschilderung Die Tiere vom Bauernhof betonen den Alltagscharakter der Szenen.

6

Unbefleckte Empfängnis

Das Herz Jesu Von Dornen und mystischen Bienen bedeckt, die sein Blut saugen.

8

Rosenkränze an der Gewölbedecke

1929

IN DEM JAHR stellte Llorenç Matamala die Skulpturengruppe des predigenden Jesus fertig.

Jesus in den Armen von Simeon. Bei der Präsentation von Jesus im Tempel wird der Messias vom Priester Simeon gehalten.

Jesus predigt im Tempel. Johannes, Cousin von Jesus, und sein Vater Zacharias blicken bewundernd auf den Messias.

TÜREN. WERKE VON ETSURO SOTOO

Die von Etsuro Sotoo gestalteten Türen der Geburtsfassade sind aus farbigrm Bronze und mit sehr realistisch dargestellten Pflanzen und Insekten verziert.

Fiale der Immaculata

Das Bildnis der Madonna der Unbefleckten Empfängis steht geschützt in einer Mauernische und dominiert aus dem Halbdunkel das Portal des Glaubens, das reich an Zier-elementen mit hoher Symbolkraft ist.

Anagramm für Josef
Unter der Immaculata hängt das Symbol des Schutzpatrons der katholischen Kirche, das die Mauernische über der Präsentation Jesu im Tempel krönt.

Über einer dreieckigen Lampe
Die Marienfigur der Immaculata geht auf das katholische Glaubensdogma der Unbefleckten Empfängnis zurück, das besagt, dass die Muttergottes vor jedem Makel der Erbsünde bewahrt wurde. Maria ist in der traditionellen Haltung mit vor der Brust gekreuzten Armen dargestellt und steht auf einer großen dreieckigen Lampe, Symbol der heiligen Dreifaltigkeit, von der die Welt erhellt wird. Gaudí ließ die Mauernische, in der die Figur der Immaculata steht, mit Weintrauben und Weizenähren einrahmen, die ein Sinnbild für die Eucharistie sind. Und als Krönung des Portals über der Marienfigur sah er eine Darstellung der Göttlichen Vorsehung vor: Ein Auge, das sich über einer ausgestreckten Handfläche öffnet und das die Fähigkeit Gottes symbolisiert, das Geschick der Welt und der Menschheit vorherzusehen und zu lenken.

54
METER
hoch ist die Fiale der Immaculata, die das Portal des Glaubens krönt.

Lampe mit drei Ecken
Die Figur der Jungfrau sitzt auf dem Symbol der Dreifaltigkeit.

La Purísima
Diese Skulptur ist ein Werk von Llorenç Matamala, Leiter der Bildhauerwerkstatt der Baustelle.

Weinblätter

Weizenähren

Weintrauben

Göttliche Vorsehung

08 OPFER UND TOD IN STEIN GEHAUEN
Die Passionsfassade

Die Fassade wurde von dem Bildhauer Josep Maria Subirachs nach den Entwürfen Gaudís ausgeführt.

Bei der Planung der Basilika beschloss Antoni Gaudí, die drei Kirchenfassaden den transzendentalen Momenten im Leben Jesu zu widmen: Geburt, Leidensgeschichte und Himmelfahrt. Bereits zu Beginn der 1890er Jahre hatte Gaudí die Idee gehabt, der Passionsfassade eine nüchterne, gedämpfte Note zu verleihen. Da er befürchtete, dass es zum Nachteil des Bauprojekts sein könnte, mit dieser Fassade zu beginnen, nahm er sich zuerst den Bau der fröhlicheren Geburtsfassade vor, die dann auch als erste fertiggestellt wurde. Zwei Jahrzehnte nach Baubeginn, im Jahr 1911, als die Arbeiten an der Geburtsfassade bereits in vollem Gange waren, erkrankte der Architekt schwer am Malta-Fieber und musste sich in den Pyrenäenort Puigcerdà zur Erholung zurückziehen, da dort die Luft besser als in Barcelona war. Während dieser Zwangspause kam Gaudí dem Tod so nahe, dass er sogar sein Testament machte. Daraufhin beschloss er, mit dem Entwurf der Fassade zu beginnen, die Jesu letzte Tage zum Thema haben würde. Er war damals sehr vom Schmerz geprägt und gestand, dass er mit seiner Fassade dem Betrachter Furcht einflößen wollte. Seine Entwürfe aus dieser Zeit dienten als Inspiration, als die Bauarbeiten an der Fassade 1954 wieder aufgenommen wurden. Gaudí hatte nur die Dekorationselemente skizziert, die Gestaltung der Skulpturen jedoch seinen Nachfolgern hinterlassen. Dies übernahm ab 1986, nachdem die Struktur des Portals und die vier Glockentürme fertiggestellt waren, der Bildhauer Josep Maria Subirachs. Sein Werk drückt den ganzen Schmerz und die ganze Traurigkeit aus, die sich Gaudí für diese Fassade vorgestellt haben muss, die passenderweise in Richtung des Sonnenuntergangs blickt.

Sechs geneigte Säulen
Die an dem Stamm des Mammutbaums inspirierten Säulen stützen das Portal mit den zwölf Skulpturengruppen.

Die Skulpturen
Die für Subirachs typischen abstrakten Formen mit kantigen Zügen vermitteln den Schmerz der Leidensgeschichte Christi.

Simon von Kyrene und die drei Marias

Darstellung des Schmerzes

Die Passionsfassade ist der erste Bauabschnitt, der komplett ohne Gaudí ausgeführt wurde. Die zwölf Skulpturengruppen bringen die ganze Grausamkeit der letzten Stunden Jesu zum Ausdruck.

3 Geißelung Jesu
Diese Skulptur am Evangeliumsportal zeigt das Martyrium, das Jesus Christus vor seiner Kreuzigung erleiden musste.

Nüchterner Stil

Gaudís Entwurf sah eine schmucklose Passionsfassade vor, die das ganze Leiden Jesu ausdrücken sollte. Auf den nackten Mauernkronen sitzen die 12 Skulpturengruppen, mit denen die Stunden zwischen dem letzten Abendmahl im Kreise seiner Jünger und der Auferstehung Christi dargestellt werden. Die in freier Interpretation gestalteten Kreuzwegstationen des Leidensweges Christi bis hin zur Kreuzigung auf dem Berge Golgatha bilden ein großes S an der Fassade. Vor der Mauer stehen sechs geneigte Säulen, die das Gefühl des Nüchternheit und Schlichtheit noch verstärken. Die schmucklosen Hohlkehlen, die an Mammutbäume erninnern, stützen ein Dach, auf dem Gaudí einen Spitzgiebel aus 18 Pfeilern in Knochenform vorgesehen hatte.

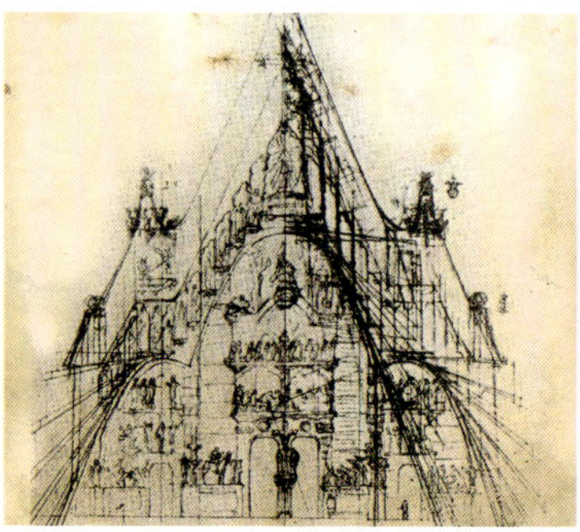

Erster Entwurf von Gaudí

*** DIE SKULPTUREN**

1. Abendmahl
2. Petrus und die Soldaten und Der Judaskuss
3. Geißelung Jesu
4. Verleugung Petri
5. Ecce Homo und Verurteilung Jesu
6. Die drei Marias und Simon von Kyrene
7. Veronika und der Evangelist
8. Longinus
9. Soldaten beim Würfelspiel
10. Kreuzigung
11. Zerreißen des Vorhangs
12. Grablegung Jesu

13 Kämmerchen
Symbol für die Verschwörung gegen Jesu.

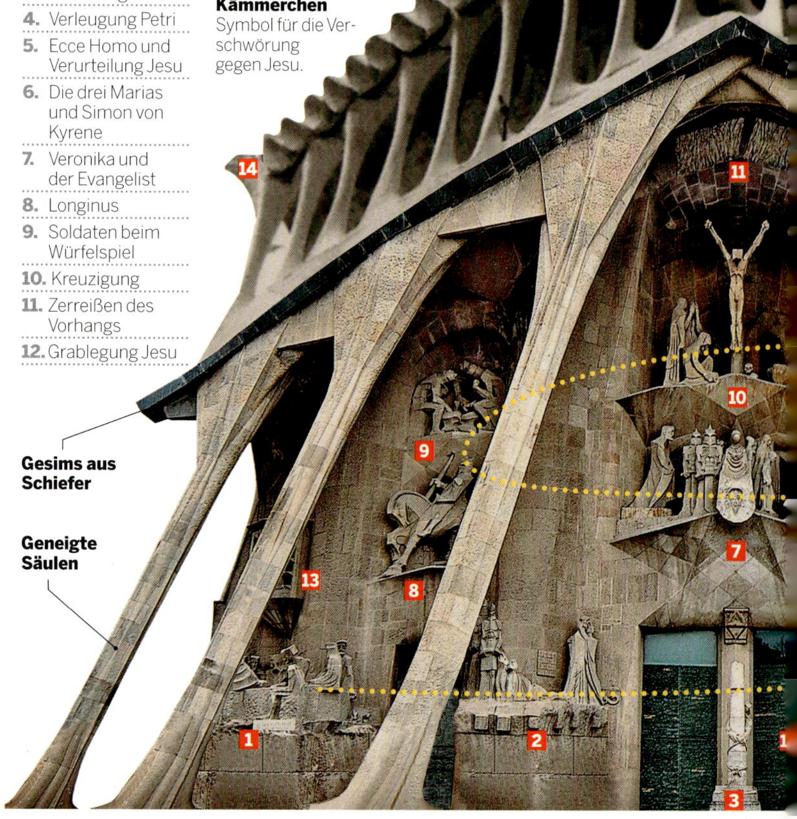

“ ANTONI **GAUDÍ**

Manche mögen die Fassade für übertrieben halten, aber sie soll Furcht einflößen, und daher kann ich auf starke Kontraste nicht verzichten ...”

1954

IN DEM JAHR wurden nach langer Pause die Bauarbeiten an der Basilika mit dem Bau der Passionsfassade fortgesetzt.

Originalzeichnung der Fassade, 1911 von Gaudí angefertigt

Iesus Nazarenus Rex Iudaeorum
INRI, Anagramm, das die Römer zum Spott ans Kreuz nagelten.

Taube
Die Darstellung des Heiligen Geistes am Portal.

Himmelfahrt
Über allem thront die Skulptur des auferstandenen Christus.

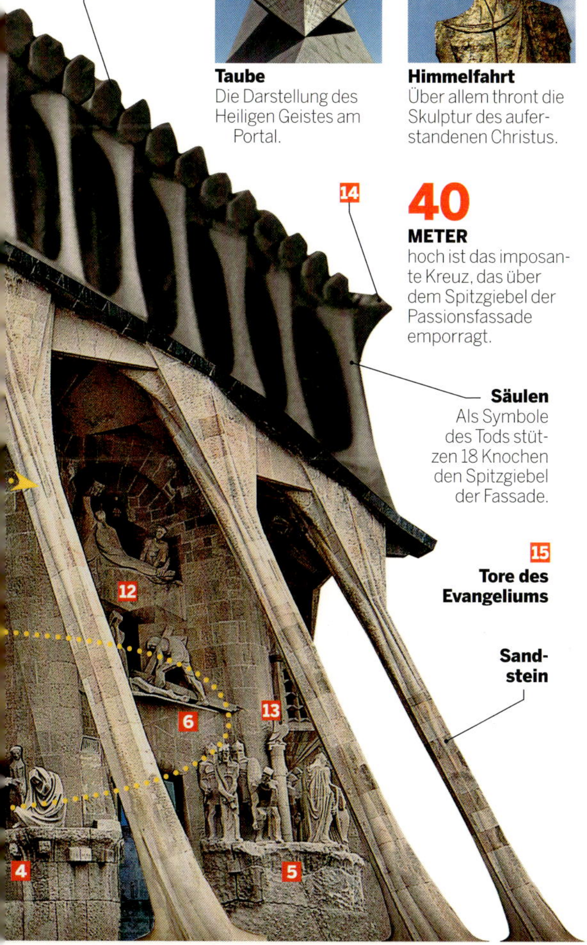

40

METER hoch ist das imposante Kreuz, das über dem Spitzgiebel der Passionsfassade emporragt.

Säulen
Als Symbole des Tods stützen 18 Knochen den Spitzgiebel der Fassade.

15
Tore des Evangeliums

Sandstein

Löwe und Lamm
Der Spitzgiebel wird von zwei Tieren gekrönt, die traditionell als Symbole Jesu gelten.

Das Hauptwerk von Subirachs

Der Bildhauer Josep Maria Subirachs verbrachte ein Jahr mit dem Studium von Gaudí und seinem Werk und arbeitet anschließend von 1987 bis 2005 an Gestaltung und Bau der 12 Skulpturengruppen der Passionsfassade. Während dieser Zeit hatte er wie einst Gaudí eine bescheidene Wohnung im Inneren der Basilika inne und widmete sich ausschließlich dem Projekt der Basilika, das zu seinem Meisterwerk werden sollte.

BAUARBEITEN. FORTSCHRITTE AN DER FASSADE

1960
Fundament
Begonnen wurde mit Verlegung des Fundaments der Fassade.

1965
Die Portale
Die Mauern der Fassade sind schon mehrere Meter hoch.

1969
Portikus
Hinter den Baugerüsten erahnt man den Portikus.

Gestalten der Bibel
Auf dem Gesims, das um das Dach des Portikus läuft, stehen die Namen der Patriarchen und der Propheten geschrieben.

Apostel beim Abendmahl
Subirachs gelingt es hier meisterhaft, die Verzweiflung der Jünger Jesu auf ihren Gesichtern fassbar zu machen.

Der letzte Abend Jesu

Auf der unteren Ebene der Passionsfassade stellt Subirachs mit abstrakten, kantigen Skulpturen das Geschehen während des Abendmahls und den Verrat Judas' im Garten Gethsemani dar.

Der Apostel Johannes
Der jüngster Apostel und „Lieblingsjünger" Jesu bringt seine vollkommene Verzweiflung zum Ausdruck, indem er sein Haupt auf seine Arme legt.

Düstere Vorahnung

Die chronologische Darstellung des Leidenswegs Jesu an dem Portal beginnt mit der Skulpturengruppe unten links, die das Abendmahl abbildet. Die abstrakten schmalen Gesichter des Messias und der Apostel sind typisch für das Werk von Subirachs und vermitteln die düstere, von Verzweiflung geprägte Stimmung, die beim Abendmahl unter den Jüngern geherrscht haben muss, als der in der Mitte sitzende Jesus ihnen seinen nahenden Tod ankündigte. Am Rand steht der Verräter und versteckt den Judaslohn in seiner Hand. Die Erzählung der Leidensgeschichte geht bei der Skulpturengruppen rechts vom Abendmahl weiter, die sich zwischen dem Gethsemanetor und dem Evangeliumstor befindet. Dargestellt wird der Kuss des Judas. Subirachs ist es gelungen, die Skulptur die enorme Spannung dieser Szene zu vermitteln.

Die Abendmahlszene
Subirachs wählte einen in der Kunstgeschichte bisher nicht vertretenen Aufbau: Jesus sitzt mit dem Rücken zum Betrachter vor dem Halbrund seiner Jünger.

Judas Ischariot
Der Jünger, der Jesus verraten hat, steht am äußersten rechten Rand der Abendmahlsgruppe.

KUNST. ABENDMAHL MIT JESUS UND DEN APOSTELN

Diese Bibelszene wurde von zahlreichen Künstlern aller Epochen dargestellt, besonders berühmt ist das zwischen 1495 und 1497 entstandene Wandbild von Juan de Juanes.

‚Abendmahl', Juan de Juanes

10,5 METER
lang ist die Skulpturengruppe des Abendmahls, die Josep Maria Subirachs ausgehend von einem groben Entwurf Gaudís geschaffen hat. Sie besteht aus 13 Figuren: Jesus und seine 12 Jünger.

Hund. Zu Füßen des Judas, Symbol der Treue.

1

2

1

Ohr des Malchus
Subirachs zeigt das Ohr, das Petrus dem Diener des Kaiphas abgehauen haben soll.

2

Markus, 14:45
Der Vers des Evangeliums, der vom Verrat Judas' berichtet.

Petrus und die Soldaten. Petrus versucht, die Soldaten daran zu hindern, Jesus gefangenzunehmen und schlägt dabei einem Diener des Hohepriesters ein Ohr ab.

310

DIE QUERSUMME
der Viererketten dieses magischen Quadrats ergibt stets 33: in diesem Alter starb Jesus am Kreuz.

1	14	14	4
11	7	6	9
8	10	10	5
13	2	3	15

Magisches Quadrat
In dem Qudarat ergibt die Summe der Zahlen aller Zeilen, Spalten und der beiden Diagonalen die magische Zahl 33, eine Anspielung auf das Lebensalter Christi.

Der Kuss des Judas
Wie verabredet küsst Judas Jesus, um den Soldaten zu verraten, wen sie festnehmen müssen.

Symbol für den Verrat des Judas
In der Skulpturengruppe des Judaskusses versinnbildlicht die Schlange, die für die weltlichen Sünden und die niederen Leidenschaften steht, die Gegenwart des Teufels und des Bösen bei dem Verrat.

Geißelung Jesu

Die Geißelung Christi wird auf der unteren Ebene der Fassade auf einer Höhe mit der Achse dargestellt, die diese Gruppe mit Kreuzigung und Christi Himmelfahrt verbindet.

Christus an der Säule

Subirachs verlieh der Kreuzwegstation der Geißelung Jesu einen besonderen Stellenwert, indem er die Säulenskulptur in einer prominenten Position direkt am Mittelpfosten des Tors platzierte, durch das die Gläubigen das Gotteshaus betreten und verlassen. Die Skulptur aus Travertinstein stellt einen einsamen, leidenden Jesus nach seiner Misshandlung durch die Soldaten dar. Der Künslter platzierte die Skulptur an der Mittelachse der Fassade, so dass sie eine Einheit mit der Skulptur der Kreuzigung an der Spitze des Portikus und der Himmelfahrtsskulptur am Gang zwischen den beiden Mitteltürmen bildet. Die drei Stufen, auf denen die Säule steht, spielen auf die drei Tage zwischen Kreuzigung und Auferstehung an.

Geißelungssäule und Evangeliumstor

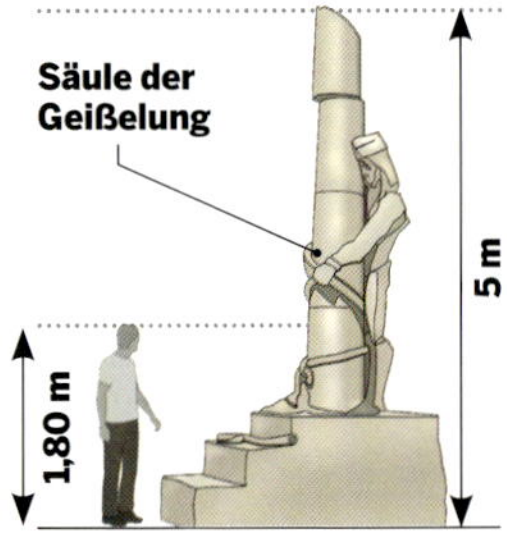

Geißelung Jesu
Diese 5 m hohe Skulptur steht symbolisch zwischen dem Verräter Judas und dem Jünger Petrus, der Jesus drei Mal verleugnete.

1987
IN DEM JAHR
wurde die Säule der Geißelung Jesu an ihrer jetzigen Position am Evangeliumstor aufgestellt.

Handabdruck
Laut Subirachs verbirgt die Säule einen versteinerten Handabdruck als Symbol des Martyriums.

Der Knoten
Ein Symbol für die körperlichen Qualen, die Jesus erleiden musste.

Die Peitsche der Geißelung

Die Säule
Die vier Säulentrommeln symbolisieren die vier Arme des Kreuzes, und die schief aufeinander stehenden Lagerflächen sollen das Ende der alten Welt ausdrücken.

Travertin
Subirachs wählte als Material denselben Stein, aus dem die Bauten im alten Rom waren.

GETSEM

Verleugnung und Urteil

Auf der unteren Ebene der Fassade werden an beiden Seiten des Dornenkronentors die Verleugnung durch Petrus, der Ecce Homo und die Verurteilung durch den römischen Statthalter Pontius Pilatus dargestellt.

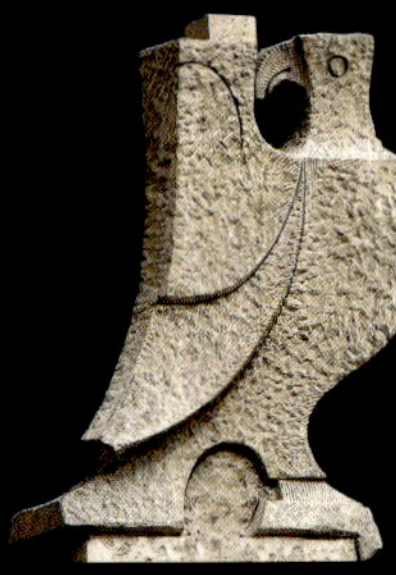

Römischer Adler
Krönt die Säule mit der Inschrift „Tiberius, Caesar von Rom", mit der die Leidensgeschichte Jesu datiert wird.

Ecce Homo und Urteil
Dargestellt werden zwei Szenen: Pilatus präsentiert Jesus der Menge und wäscht danach seine Hände in „Unschuld".

1
Der Hahn
Gehört zur Skulpturengruppe der Verleugnung Petri.

2
Labyrinth
Mittelalterlichen Kathedralen nachempfunden, Symbol der *Via Crucis*.

1

2

Die Verleugung des Petrus
Die drei Frauen stehen für die drei Male, die Petrus leugnete, Jesus zu kennen. Der Apostel schämt sich seiner Feigheit.

Die Tore

Bei der Gestaltung der beiden Seitentore und des großen Mitteltors an der Passionsfassade verwendete der Bildhauer Bronze, ein Material, mit dem sich Formen und Texturen besonders detailliert darstellen lassen.

Alpha und Omega
Erster und letzter Buchstabe des griechischen Alphabets über dem Mittelpfosten des Evangeliumstors stehen für Anfang und Ende und symbolisieren Gott und Christus.

Die Tore des Evangeliums

Gaudí hatte für die Passionsfassade drei Tore geplant: das Evangeliumstor in der Mitte, das Gethsemanetor auf der linken Seite und das Tor der Dornenkrone auf der rechten Seite. Der Haupteingang liegt hinter der Geißelungssäule und hat zwei große, nicht ganz 6 m hohe Torflügel, auf denen in Reliefdarstellung der Text zu den Skulpturengruppen an der Fassade steht: die Stellen des Evangeliums, die von den letzten zwei Tagen Jesu auf Erden berichten. Auf dem Gethsemanetor sind in Reliefdarstellung die Gebete Jesu am Ölberg und die Verzweiflung seiner Jünger dargestellt. Das Tor der Dornenkrone zeigt am oberen Ende als Reliefdarstellung die Szene der Verhöhnung, die Jesu nach der Geißelung durch die Soldaten erfuhr, und auf dem mittleren Tor ist die Szene zu sehen, in der Jesus Herodes und Pilatus vorgeführt wird.

Buchstaben und Bilder
Die wichtigsten Wörter sind poliert , um sich vom Hintergrund abzuheben.

Buchstabenreliefs
Die mit Buchstaben verzierten Evangeliumstore sind wie eine riesige Ausgabe des Neuen Testaments.

8 000
ZEICHEN
wurden insgesamt für die katalanischen Texte auf den Toren gegossen.

RELIEF. GRAFISCHE SYMBOLE

Subirachs lockerte die Texte mit der Leidensgeschichte Jesu an den Fassadentoren mit verschiedenen großen Symbolen auf, wie zum Beispiel dem Magischen Quadrat, das sich an der Mauer wiederholt, oder der Unterschrift Gaudís als Hommage an den ‚Vater' der Basilika.

Magisches Quadrat

Jesus in Gethsemane

Gaudís Unterschrift

Malteserkreuz

Tor der Dornenkrone

Gesicht aus polierter Bronze

4,41

METER
hoch ist das Gethsemanetor an der Passionsfassade.

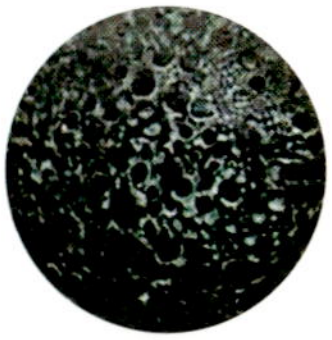

Vollmond. Symbol für die Nacht als dunkle Vorahnung des Todes.

Melancholie
Dem berühmten Werk Albrecht Dürers nachempfunden.

2000

IN DEM JAHR
konnte das Tor der Dornenkrone schließlich in die Basilika eingesetzt werden.

‚Göttliche Komödie'
Das Dornenkronentor trägt ein Zitat von Dantes Dichtung.

1
Dornenkrone
Ein Soldat verhöhnt Jesus und reicht ihm einen Stock als Königszepter.

Gethsemanetor. Verse und Symbole wechseln sich mit als Basreliefs dargestellten Figuren ab.

Tor der Dornenkrone. Das 5 m hohe Tor besteht aus einem feststehenden und zwei beweglichen Flügeln.

SANT JORDI
A FESTA DELS ÀZIMS.
ALESHORES S'AIXECÀ TOTA
L'ASSEMBLEA I EL DUGUEREN
A PILAT
I COMENÇAREN
A ACUSAR-LO.

BRAU" 1950

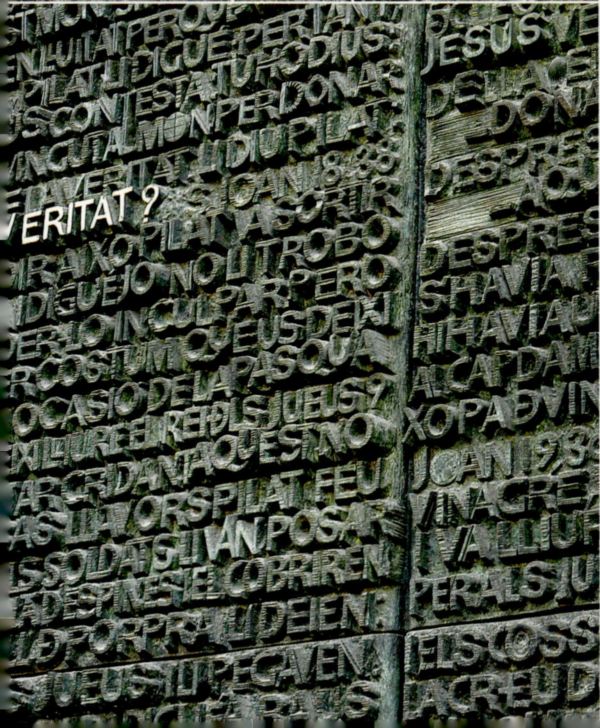
ERITAT ?

FES QUE SIGUIN SEGURS ELS PONT
I MIRA DE COMPRENDRE I ESTIMA
LES RAONS I LES PARLES DIVERSES
QUE LA PLUJA CAIGUI A POC A POC
I L'AIRE PASSI COM UNA ESTESA MÀ
SUAU I MOLT BENIGNA DAMUNT EL
QUE SEPHARAD VISQUI ETERNAME
EN L'ORDRE I EN LA PAU, EN EL TRE
EN LA DIFÍCIL I MERESCUDA
LLIBERTAT.
SALVADOR ESPRIU

Der Kreuzweg

Auf der mittleren Ebene der Passionsfassade stellen drei Skulpturengruppen die wichtigsten Geschehenisse auf dem Gang des mit dem Kreuz beladenen Jesu zum Berge Golgatha dar, wo er gekreuzigt wurde.

1 Veronika
Die Begegnung Jesu mit Veronika wird in den Evangelien nicht erwähnt. Aus diesem Grund wird von Subirachs eine Frauenfigur ohne Gesichtszüge abgebildet.

Die Geste der Veronika

Die mittlere Gruppe über dem Evangeliumstor zeigt die mildtätige Geste der Veronika bei dem Sturz Jesu auf dem Weg zur Kreuzigung. Jesus begegnete dabei drei Frauen aus Jerusalem, von denen eine, Veronika, ihm mit einem Tuch Schweiß und Blut vom Gesicht wusch. Auf dem Schweißtuch blieb auf wundersame Weise das Gesicht des Messias zurück. Das als Flachrelief dargestellte Gesicht Jesu scheint den Betrachter anzublicken, egal, aus welcher Perspektive man schaut. Die Figur der Veronika hat dagegen kein Gesicht, so dass das Gesicht Jesu auf dem Tuch noch mehr hervorgehoben wird. Die Soldaten sind den Schornsteinen von Gaudís La Pedrera nachempfunden und eine Hommage Subirachs an seinen Vorgänger.

✱ Via Dolorosa
Die Szene mit dem Gang Jesu zur Kreuzigungsstätte nimmt die mittlere Ebene zwischen Geißelung und dem Tod Jesu am Kreuz ein.

17
FIGUREN
bilden die Skulpturengruppe der Geste der Veronika.

Evangelist
Subirachs verwendete bei der Gestaltung des Evangelisten ein Foto von Gaudí als Vorlage.

Der zweite Sturz Jesu
In der Skulpturengruppe der Veronika stellt Subirachs den Sturz Jesu vor den Frauen aus Jerusalem und vor dem Evangelisten dar.

3 Das Antlitz Christi
Subirachs verwendet die Technik des Flachreliefs, die er zur Perfektion beherrscht, um das Gesicht Jesu auf dem Veronikatuch abzubilden.

Die Frauen aus Jerusalem
Christi Worte an die Frauen waren: „Töchter Jerusalems, weint nicht über mich, sondern weint über euch selbst und über eure Kinder!"

Simon von Kyrene und die drei Marias
Diese Gruppe spielt auf den Sturz Jesu auf dem Leidensweg an.

Das Leiden
Die Gesichter zeigen die Qualen Jesu und das Mitleid der Menge.

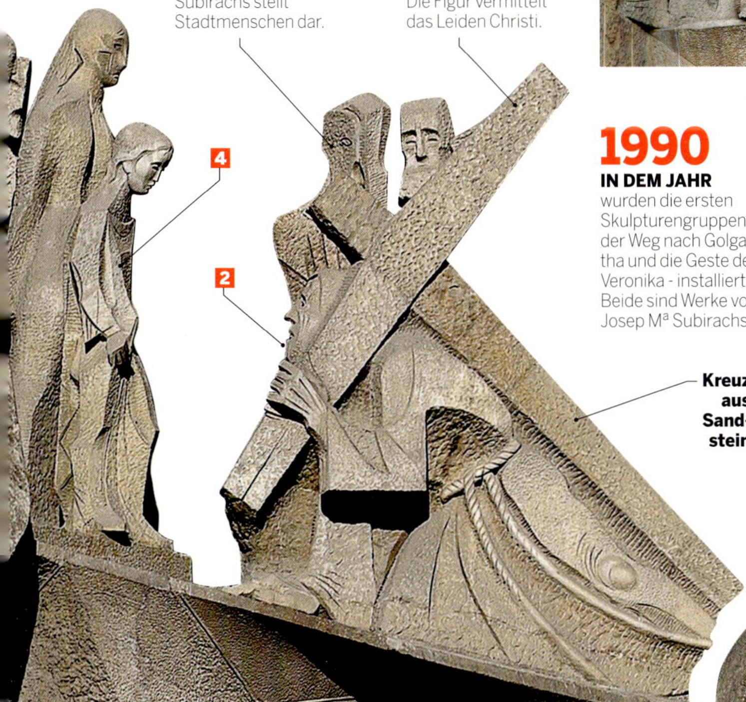

Die Menge
Subirachs stellt Stadtmenschen dar.

Sturz Jesu
Die Figur vermittelt das Leiden Christi.

Kreuz aus Sandstein

1990
IN DEM JAHR
wurden die ersten Skulpturengruppen- der Weg nach Golgatha und die Geste der Veronika - installiert. Beide sind Werke von Josep Mª Subirachs.

Longinus und Simon von Kyrene

Die Gruppe der Veronika wird eingerahmt von Longinus, dem römischen Centurion, der Jesus seine Lanze in die Seite stieß und später zum Christentum konvertierte und der heute als Heiliger verehrt wird, und der Szene der drei Marien mit Simon von Kyrene, der das Kreuz des geschwächten Jesu trug.

Longinus
Der Soldat wird zu Pferd mit seiner Lanze abgebildet.

ANSPIELUNGEN. HOMMAGE AN GAUDÍ

Subirachs erinnert an mehreren Stellen an seinen Vorgänger: mit dem Gesicht des Evangelisten in der Gruppe der Veronika, den Schornsteinen der Casa Milà und der Unterschrift des Architekten.

5 **Antoni Gaudí**

6 **La Pedrera**

Der Tod Jesu

Die obere Ebene der Passionsfassade wird von dem gekreuzigten Christus beherrscht. Eingerahmt wird das Kreuz von der Szene derum die Kleider Jesu spielenden Soldaten und der Szene der Grablegung.

Maria Magdalena zu den Füßen Christi
Maria Magdalene kniet zu Füßen des gekreuzigten Christus und hält sich an der Grundmauer der Fassade fest.

Christus am Kreuz
In der Kreuzigungsgruppe hängt der gekreuzigte Christus an einem Kreuz aus Eisenträgern. Einer der Träger wurde rot angemalt, um das I des lateinischen Satzes *Iesus Nazarenus Rex Iudaeorum* – „Jesus von Nazaret, König der Juden" - hervorzuheben. Zu den Füßen des Messias trauern Maria Magdalena, Maria des Kleophas und die Muttergottes, die ihr Gesicht verborgen hat und von Johannes getröstst wird. Am unteren Ende des Kreuzes symbolisiert ein Schädel sowohl den Tod als auch den Namen der Kreuzigungsstätte: *Golgatha* (Schädelberg). Die offene Grabstätte spielt auf die nahende Auferstehung an. Auf der linken Seite hat Subirachs die Soldaten dargestellt, die um die Kleider Jesu spielen. Rechts vom Kreuz ist die Bestattung Christi in Form einer enormen Pietà zu sehen, bei der Maria, Josef von Arimathäa und Nikodemus den Leichnam gemeinsam ins Grab legen.

Soldaten würfeln um die Kleider Jesu

1

5
METER
hoch ist der Christus am Kreuz, der an der Passionsfassade hängt.

Knöchelspiel
Der Tisch, an dem die Soldaten mit Knöcheln um Jesus Kleider spielen.

1
Die Legionäre
Das Knöchelspiel war bei den römischen Soldaten sehr verbreitet.

Das I der Initialen INRI

Der gekreuzigte Messias

Jungfrau Maria

Maria des Kleophas

Kreuzigung
Subirachs versammelt alle Personen der Kreuzigungsszene auf der linken Seite und bündelt die Symbole auf der rechten Seite.

Todessymbol
Der Schädel am Fuß des Kreuzes repräsentiert den Tod und spielt auf den Namen der Kreuzigungsstätte an.

30×30
ZENTIMETER
breit sind die Balken des Kreuzes, an dem die Christusfigur hängt.

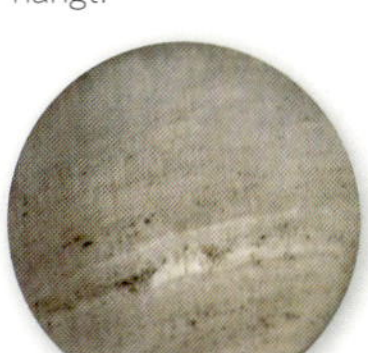

Mond
Im Evangelium heißt es, dass beim Tod Jesu die Finsternis über Jerusalem hereinbrach.

Das Ei als Symbol der Auferstehung

Grablegung Jesu
Die letzte Gruppe der Fassade zeigt die Bestattung des Leichnams Jesu Christi.

Josef von Arimathäa

Nikodemus

01

02

03

04

01 bis 03
Das Atrium
Das Gewölbe über dem Portikus ist mit Inschriften, Buchstaben und Mosaiken aus buntem Muranoglas verziert. Ein Bild zeigt das Lamm, ein Symbol für die Auferstehung Christi.

04
Zerreißen des Vorhangs
Diese Bronzestruktur liegt wie ein riesiger Baldachin über der Kreuzigungsszene und spielt auf den Vorhang im Tempel von Jerusalem an, der das Allerheiligste vom Rest des Tempels abtrennte. Im Evangelium wird berichtet, dass dieser Vorhang beim Tod Jesu von oben nach unten in zwei Stücke zerriss und den Blick auf den Bogen des Atriums freigab.

05
Himmelfahrt Christi
Die zwei Tonnen schwere monumentale Bronzeskulptur von Subirachs hängt an der Brücke der Passionsfassade, mit der die Türme des Bartholomäus und des Thomas miteinander verbunden sind.

05

09 DIE WICHTIGSTE FASSADE DER BASILIKA
Glorienfassade

Diese Fassade widmete der Architekt der Verklärung Jesu und dem Weg des Menschen zum ewigen Leben.

Im Jahr 1916 - zehn Jahre vor seinem Tod - erstellte Gaudí für seine Nachfolger einen exakten Bauplan für die Glorienfassade mit genauen Angaben zu den symbolischen Elemente, mit denen die Außenseite dekoriert werden sollte. Um seine Entscheidungen, wie es seine Art war, mit Argumenten zu untermauern, ließ er ein Modell bauen, das die gesamte Volumetrie der größten Fassade der Basilika und die von ihm vorgesehenen Gestaltungsideen darstellen sollte. Dieses Modell, mit dem seine Nachfolger eine ideale Vorlage für die Ausführung der Fassade in Gaudís Sinne gehabt hätten, wurde leider bei dem Brand im Jahre 1936 im Zuge des Bürgerkriegs zerstört. Das Modell konnte zwar inzwischen teilweise rekonstruiert werden, aber als Vorlagen für den Bau der Fassade dienten in überwiegendem Maße die Fotos und die Aufzeichnungen Gaudís und seiner Mitarbeiter. Wesentlich ausführlicher dokumentiert sind dagegen Gaudís Pläne für die unmittelbare Umgebung der Basilika nach deren Fertigstellung, insbesondere für die Gestaltung des Vorplatzes an der Seite der Glorienfassade. Sein Plan sieht eine breite Plattform vor, die von einer riesigen Vortreppe gefolgt wird, die den Höhenunterschied von 5 m zwischen der Hauptebene der Basilika und der Straße ausgleichen soll. Auf der Plattform platzierte Gaudí zwei große Monumente, die das Wasser und das Feuer symbolisieren sollten, und unter der Plattform sollte ein Tunnel führen, durch den der Verkehr der Straße Mallorca laufen würde. Von besonderer Bedeutung ist auch die Parkanlage, die der Architekt vor der Basilika vorgesehen hatte und die dem Betrachter einen besseren Blick auf die Glorienfassade und den gesamten Bau gestatten sollte.

Gaudís Modell der Fassade
Die gedrehten Drahtfäden über den Oberlichtern simulieren die Wolken, mit denen der Architekt die Fassade dekorieren wollte.

Ornamentik und Symbole
Der Haupteingang wird mit sieben Bronzeportalen geschlossen, die von Subirachs gestaltet wurden.

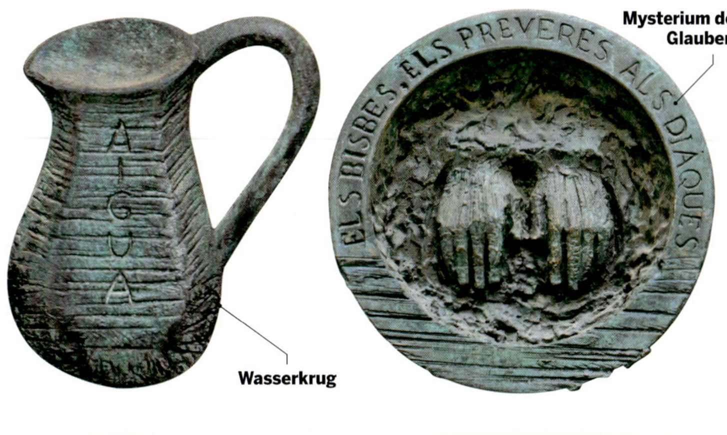

Hauptfassade der Basilika

Die zur Mittagssonne hin ausgerichtete Glorienfassade ist die größte und monumentalste der Basilika, ihre charakteristischsten Elemente sind die „Laternentürme" in verschiedenen Höhen und Größen.

Laternentürme und Wolken
Die Glorienfassade ist der monumentale Rahmen, den Gaudí als Eingang der Basilika vorgesehen hatte. Die Gläubigen sollten vor Eingang in das Gotteshaus an die Rolle des Menschen innerhalb der Schöpfung und an seine Bestimmung gemäß den göttlichen Gesetzen erinnert werden: Tod, Jüngstes Gericht, Hölle und Himmel. Unter den Türmen der Apostel Petrus, Paulus, Andreas, Jakobus der Ältere, die höher sind als die Türme an den anderen Fassaden, gestaltete Gaudí 16 verschieden große Laternentürme in Hyperboloidform. Der mittlere davon reicht fast bis an die Glockentürme heran. Diese Struktur bildet das Dach über dem Eingangsportal. Darüber stellte sich Gaudí eine Schicht beleuchteter Wolken vor, die das Wort „Credo", mit dem das christliche Glaubensbekenntnis beginnt, einrahmen sollten.

Beleuchtete Wolken

4

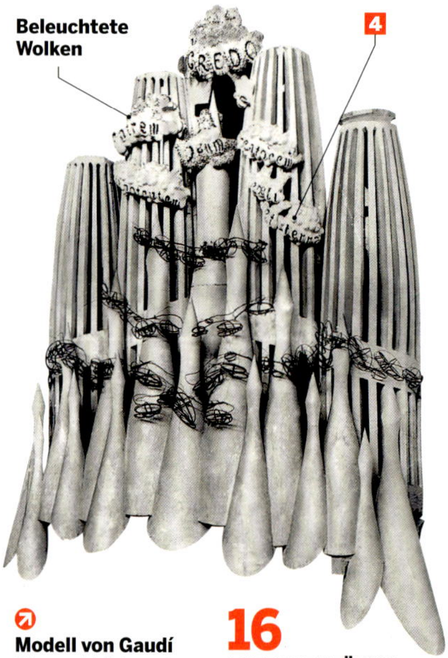

Modell von Gaudí
Gipsnachbildung der vom Architekten vorgesehenen Formen der Glorienfassade.

16
LATERNENTÜRME
sind Teil des Dachs über dem Eingangsportal zur Basilika.

LATERNENTÜRME. INSPIRATION

Inspiration für die Laternentürme, in Form gedrehter Hyperboloide war das Bergmassiv Montserrat mit seinen teils abgerundeten, teils spitz zulaufenden Zacken. Im Kloster Montserrat wird die Schutzpatronin von Katalonien verehrt.

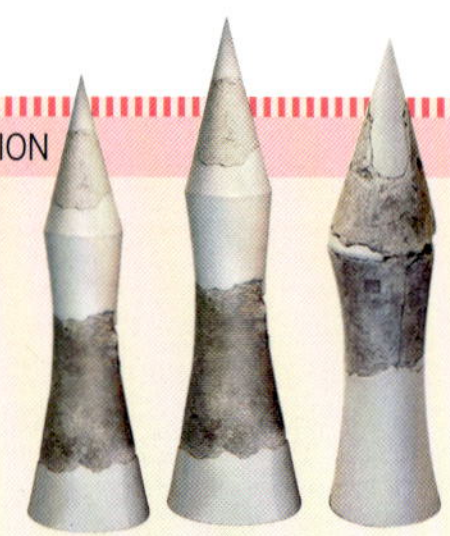

Modelle von Gaudí

Bergmassiv Montserrat

Sankt-Andreas-Glockenturm

Interpretation von Berenguer
Der einstige Mitarbeiter von Gaudí fertigte diese farbige Zeichnung basierend auf den ursprünglichen Plänen des Architekten an.

2002
IN DEM JAHR
konnte schließlich mit den Bauarbeiten an der Glorienfassade begonnen werden.

1
Jesus
Diese Darstellung des auferstandenen Christus verziert die Achse der Fassade.

Baptisterium
Unabhängiges Gebäude an der linken Seite der Fassade.

“ ANTONI **GAUDÍ**

Originalität darf man nicht anstreben, dann wird sie zu Extravaganz. Man muss vom Gewöhnlichen ausgehen und versuchen es zu verbessern”

„Credo“
Die Buchstaben sind beleuchtet, damit man sie auch aus der Ferne erkennen kann.

Gaudís Idee. Fünf unbebaute Blöcke mit Grünanlagen, die um ein Passionskreuz rund um die Basilika bilden.

20
METER
hoch sind die Wasserfontänen am oberen Ende des Wasserdenkmals.

3
Säulen
15 kräftige Säulen tragen das Dach des Portikus an der Fassade.

4
Schöpfungsgeschichte

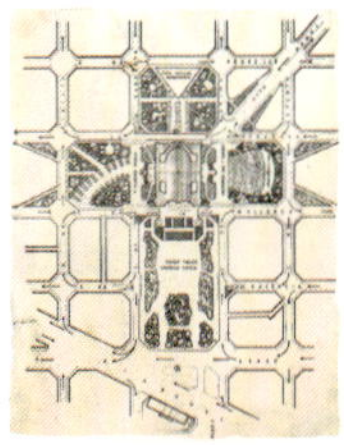

Bebauungsplan aus dem Jahr 1975
Vorschlag für Bebauung und Begrünung der Umgebung der Basilika.

Die Basilika in der Stadt

Der Plan von Gaudí sah vor, dass der Zugang am Glorienportal über eine Vortreppe erfolgen sollte, an die sich eine Freifläche mit den Monumenten zu Ehren des Feuers und des Wassers anschließen würde. Unter dieser Plattform sollte ein Tunnel den Verkehr der Straße Mallorca führen, während sich eine Parkanlage mit Blick auf die Hauptfassade vom Fuße der Vortreppe bis zur Av. Diagonal erstrecken würde.

Monumente des Feuers und des Wassers
An einer Seite steht eine riesige mehrarmige Fackel und an der anderen ein Brunnen mit Fontänen in großer Höhe.

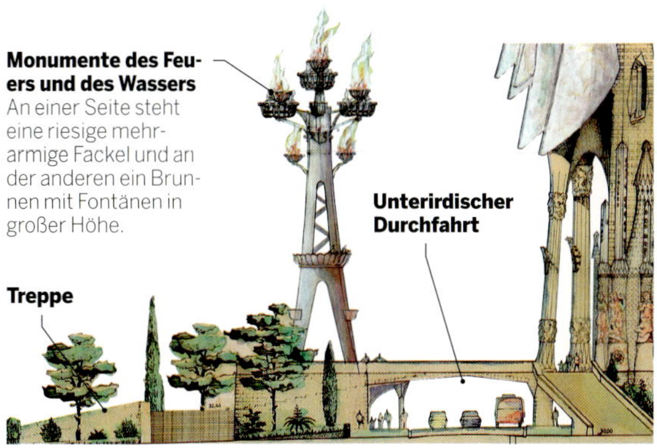

Das Portal an der Glorienfassade

Als Symbol der Pfeiler des Glaubens tragen sieben geneigte und acht senkrechte Säulen das Portal, durch das die Gläubigen ins das Gotteshaus betreten und dabei die den Sakramenten gewidmeten Türen passieren.

Geneigte Säulen
Wie schon an der Passionsfassade setzt Gaudí auch hier geneigte Säulen ein, um dem Glorienportal mehr Halt zu verleihen.

Fünfzehn Säulen und sieben Portale

Das Vordach am Eingang hat die Form eines mit Hyperboloiden überdachten Atriums, das von zwei Säulenreihen gestützt wird: sieben Säulen sind nach außen geneigt und acht verlaufen in zweiter Reihe senkrecht. Jede der äußeren Säulen trägt den Namen von einer der sieben Charismen genannten Gaben des Heiligen Geistes, während an den Sockeln die sieben Todsünden und an den Kapitelen die sieben Tugenden dargestellt sind. Hinter den inneren Säulen versteckt sind die sieben Eingangstüren, die den Sakramenten der katholischen Kirche und dem Aufruf zum Gebet des Vaterunser gewidmet sind. Jede der Türen des Vorbaus führt in eines der Kirchenschiffe, nur die mittlere teilt sich in drei weitere Öffnungen auf.

Die sieben Portale
Die Wellenform der Mauern hat zur Folge, dass die Portale unterschiedlich tief in der Wand liegen.

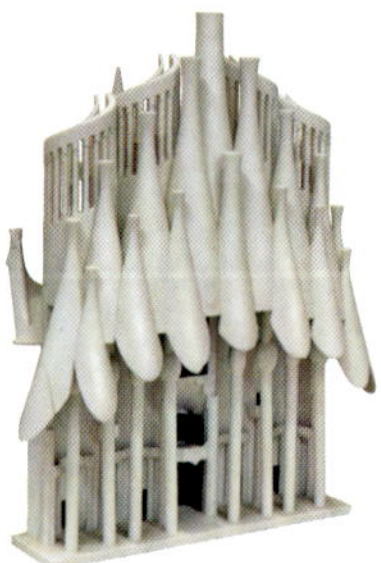

Studienmodell
Vorlage war ein maßstabsgerechtes Modell, das Gaudí einst anfertigen ließ.

2012
IN DEM JAHR konnten schließlich die mittleren Portale der Fassade angebracht werden.

Kirchenfenster
Die Stahlbeton-Konstruktion, von der die Fassade gestützt wird, hat große Fensteröffnungen, durch die das Licht zur Beleuchtung des Inneren des Gotteshauses einfallen kann.

1 Portal der Taufe
Das erste Sakrament wird durch den Beginn des Gebets dargestellt.

2 Portal der letzten Ölung
Zu diesem Sakrament gehört der Satz „Dein Reich komme".

3 Portal des Gebots
„Dein Wille geschehe, wie im Himmel so auf Erden".

4

Darstellung biblischer Themen
Mehrere Skulpturengruppen an der Glorienfassade stellen verschiedene Geschichten und Gleichnisse aus dem Altem und Neuen Testament dar, die von der Schöpfung bis zur Auferstehung reichen.

Adam und Eva

Arche Noah

Das Jüngste Gericht

Auferstehung

Hölle

4 Portal der Eucharistie
Auf dem mittleren Eingangsportal ist der gesamte Wortlaut des Vaterunsers abgebildet.

5 Portal der Kommunion
„Und vergib uns unsere Schuld, wie auch wir vergeben unsern Schuldigern".

6 Portal der Ehe
Und mit dem Satz: „Und führe uns nicht in Versuchung".

7 Portal der Buße
„sondern erlöse uns von dem Bösen", endet das Gebet schließlich.

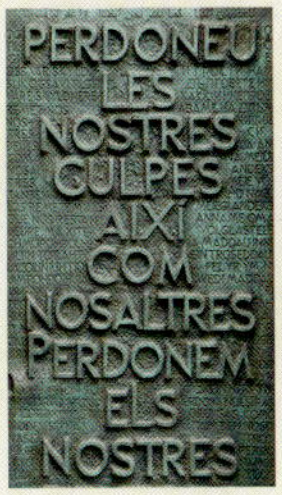

2 000
KILO
schwer ist jede der sieben Bronzetüren am Portal der Eucharistie.

Symbol der Eucharistie
An der Tür der Eucharistie ist ein Abendmahlskelch dargestellt.

Portikus
Von oben beleuchtete Gewölbe in Hyperboloidenform überdachen den Portikus.

50
VERSCHIEDENE
Sprachversionen des Vaterunsergebets sind an dem Portal der Eucharistie insgesamt zu lesen.

Hölle, Jüngstes Gericht und Paradies

Die von Gaudí für die Glorienfassade geplante Symbolik stellt den Weg des Menschen zum ewigen Leben dar. Auch hier verband der Architekt das Funktionale mit dem Ornamentalen und nutzte das Halbdunkel des Tunnels unter der Vortreppe, um durch vergitterte Fenster und Skultpuren von Särgen und Dämonen die Hölle darzustellen, um zu vermitteln, dass sich niemand ohne den Glauben von der Sünde befreien kann. Auf der Fläche über den Portalen sind die Protagonisten der Schöpfungsgeschichte Adam und Eva dargestellt, der höchste Ort der Mittelachse ist jedoch der Jungfrau Maria vorbehalten, deren Blick sich auf Christus richtet, der als Richter über die Menschheut dargestellt wird. Eine große Rosette symbolisiert den Heiligen Geist, und darüber erhebt sich majestätisch Gott der Vater.

ANTONI **GAUDÍ**
„Der Bau der Sagrada Familia verläuft langsam, denn der Herr über dieses Projekt hat es nicht eilig"

Portale der Eucharistie Ein Werk des Bildhauers Josep Maria Subirachs, der auch die Passionsfassade gestaltet hat. Die Portale am Haupteingang an der Glorienfassade gehen auf den ausdrücklichen Wunsch Gaudís zurück, das Vaterunser in Wort und Bild am Glorienportal darzustellen. Subirachs folgte dieser Vorgabe Gaudís und reproduzierte alle Passagen des Gebets auf Katalanisch in großen Buchstaben vor einem Hintergrund, der aus insgesamt 49 Versionen des Vaterunser in verschiedenen Sprachen in kleinerem Format besteht.

Hosanna
Excelsis
Hosanna
Excelsis

10 WIEDERERWECKUNG DER GOTIK
Glockentürme und Kuppeln

Die Basilika Sagrada Familia sollte das höchste Gebäude der Stadt werden, um Gott näher zu sein.

Religiöse Bauten haben sich zu allen Zeiten und in allen Kulturen durch ihre Monumentalität, ihre Dimensionen, die verwendeten hochwertigen Baumaterialien und ihre spezielle Bauweise von den weltlichen Bauwerken ihrer Zeit abgehoben. Sie strahlen oft eine besondere Würde aus und sollen eine mystische Verbindung zwischen Himmel und Erde sein. Im Spätmittelalter gelang den Architekten der Gotik der Bau besonders emporstrebender Kirchen. Dies war dank Erfindung der typischen Spitzbögen und des Kreuzgewölbes möglich geworden. Dadurch wurden Mauern und Dächer der Gebäude leichter, und die Kathedralenbauten erreichten bis dahin unvorstellbare Höhen. Einige Jahrhunderte später eiferte Gaudí den Architekten des Mittelalters nach und wollte die Basilika Sagrada Familia zum höchsten Gebäude von Barcelona machen. Mit diesem Ziel vor Augen entwarf er den 172,5 Meter hohen Jesusturm, der die Sagrada Familia zum höchsten religiöschen Gebäude der Welt machte. Gaudí blieb dabei bewusst einen halben Meter unter der Höhe des Stadtbergs Montjuïc, der zu Baubeginn gegen Ende des 19. Jahrhunderts die höchste Erhebung in Barcelona war. Gaudí wollte einerseits ein Gebäude schaffen, welches das Stadtbild von Barcelona prägen würde, achtete aber andererseits auch darauf, das Werk des Menschen nicht höher werden zu lassen als das Werk Gottes - den Berg Montjuïc. Von den insgesamt 18 von ihm geplanten Türmen der Basilika - die sechs Kuppeln (zu Ehren von Jesus, Maria und den Evangelisten) und die zwölf Glockentürme der Apostel - sah er nur einen fertiggestellt: den Glockenturm des Apostels Barnabas, der im Jahr 1925, nur wenige Monate vor Gaudís Tod fertig wurde.

Die Glockentürme an der Geburtsfassade
Die paraboloiden Fialen der Türme der Ostfassade ragen 100 Meter über die Straßenebene empor.

Trencadís-Mosaik
Die Fialen der Türme sind mit einem *Trencadís*-Mosaik aus Muranoglas verziert und dadurch von weitem zu erkennen.

Die Krönung der Basilika

Gaudí entwarf einen hoch empor ragenden Bau, der von überall in Barcelona aus zu sehen sein sollte. Die 18 Türme sind zwischen 98 und 172 m hoch und thronen über den Dächern der Stadt.

Kuppeln und Glockentürme
Gaudí legte die unterschiedlichen Höhen der insgesamt 18 Türme der Sagrada Familia so fest, dass sie je nach Stellung der auf ihnen dargestellten religiösen Figuren in der Glaubenshierarchie und der Lage der Türme in Bezug zur Mitte der Basilika an Höhe zunahmen: die Jesuskuppel über dem Kreuzschiff thront mit ihren 172,5 Metern über der Basilika. Die vier Türme der Evangelisten ragen 135 Meter hoch an den Seiten der höchsten Kuppel empor, ebenso wie die Marienkuppel über der Apsis, die 130 Meter hoch ist. Die insgesamt 12 den Aposteln gewidmeten Glockentürme streben jeweils in Vierergruppen am Rand des Gebäudes über den drei Eingangsportalen empor und sind 98 bis 120 Meter hoch. Um die Türme hervorzuheben und von weithin sichtbar zu machen, wurden die Fialen mit Mosaiken aus Muranoglas verziert.

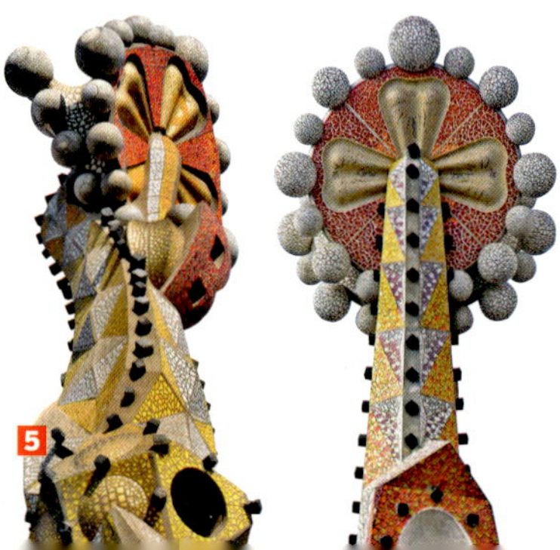

1
JESUS-KUPPEL
172,5
METER
hoch ist der Hauptturm der von Antoni Gaudí entworfenen Basilika.

2
MARIEN-KUPPEL
130
METER
hoch ragt der Turm zu Ehren der Jungfrau empor, den ein Marienstern krönt.

Türme an der Geburtsfassade
Barnabas, Matthäus, Simon und Judas gewidmet.

Kreuzgang

Dekoration an den Fialen der Glockentürme
Die Fialen tragen die Symbole der zwölf Apostel.

Turmmodelle
Gaudí entwarf vier Arten von Türmen: die Glockentürme, die Kuppeln der Evangelisten, Marienkuppel und Jesuskuppel.

Kreuz mit vier Armen

Gewölbe der Johanneskuppel

Allgemeiner Plan

Geburtsfassade

Passionsfassade

3
KUPPELN DER EVANGELISTEN

135
METER
hoch ist jeder der insgesamt vier den Evangelisten gewidmeten Türme.

4
GLOCKENTÜRME DER APOSTEL

120
METER
hoch ist der höchste der Glockentürme, der niedrigste misst 98 Meter.

Die Basilika. Die Türme der Sagrada Familia prägen das Stadtbild.

Glockentürme an Passionsfassade
Den Aposteln Thomas, Jakobus der Jüngere, Bartholomäus und Philipp gewidmet.

EINFLÜSSE
Inspiration

Die einzigartige Paraboloidform der Glockentürme wird verschiedenen Einflüssen zugeschrieben und ist ein Zeichen für Gaudís besondere Beobachtungsgabe.

10
ETAGEN
hoch kann so ein Menschenturm (*Castell*) sein.

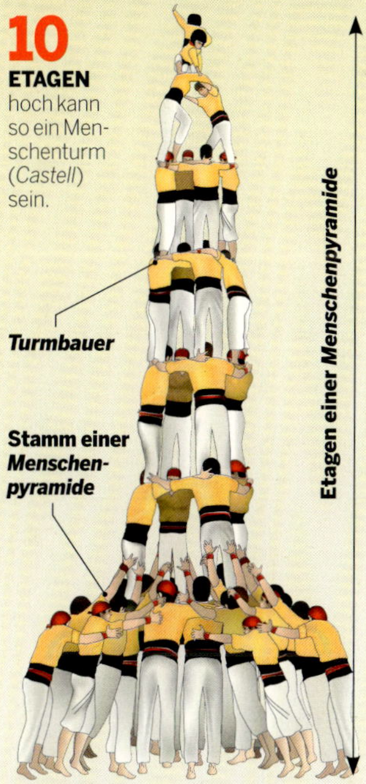

Die *Castells*. Der Architekt nahm sich bei Gestaltung der Glockentürme und Kuppeln der Basilika die traditionellen „Menschenpyramiden" zum Vorbild.

Das Innere der Glockentürme
Ganz oben hängen die Kirchenglocken der Basilika.

ANTONI **GAUDÍ**
„Die vertikale Paraboloidform der Türme ist die Vereinigung von Schwerkraft und Licht… Am oberen Ende werden Lampen leuchten, wie das Licht, das vom Himmel strahlt"

6

Feenkamine, Türkei
Durch Erosion geformte Felsen in Kappadokien.

Moscheen in Afrika
Gaudí sah sie vielleicht auf einer Reise nach Marokko.

Die Glockentürme

Die den 12 Aposteln gewidmeten Glockentürme der Sagrada Familia bilden den Hintergrund der Geburts-, Passions- und Glorienfassade und verleihen dem Kirchenbau seine charakteristische Gestalt.

1

Von der Erde in den Himmel

Die von Gaudí entworfenen originellen Glockentürme fallen besonders durch ihre Paraboloidform ins Auge. Sie haben eine quadratische Basis, die ab etwa einem Viertel der Höhe schnell zu einer Kegelform mit der charakteristischen spindelförmigen Spitze wird. Die dabei entstehende Fläche zweiter Ordnung diente Gaudí zur Konstruktion von Strukturen, die er von der Natur abgeschaut hatte. Der Künstler wollte mit dieser Verwandlung von eckig zu rund den Weg vom Fassbaren, also dem Weltlichen, zum Nicht-Fassbaren, also dem Himmlischen, darstellen. Das Himmlische wird dabei durch die perfekte Form des Kreises symbolisiert. Gaudí nutzte den Wandel der Struktur gleichzeitig, um an den sich ergebenden Ecken die Skulpturen der verschiedenen Apostel zu platzieren, denen die einzelnen Glockentürme gewidmet sind.

Das Innere. Im Inneren der Glockentürme an den Fassaden verlaufen Wendeltreppen, die bis zur Höhe der Balkone reichen.

2

Blenden zur Umleitung des Schalls
Die nach unten gerichteten Blenden leiten den Klang der Glocken nach unten.

3

Sterne
Sie dekorieren die Mauern der Glockentürme rund um den Heilsruf ‚Sanctus'.

426
STUFEN
haben die steilen Wendeltreppen der Glockentürme der Sagrada Familia.

Die heilige Familie

4 **Gebetstexte auf Stein**

5 **Die Balkone**

6 **Brücke zwischen Türmen**

1925

IN DEM JAHR
wurde der Bau des Barnabasturm beendet. Dies war der erste fertige Glockenturm.

7
Wendeltreppen
Vorbild für ihre Form ist eine Meeresschnecke.

8
Platz für die Glocken
Die Türme beherbergen die Kirchenglocken.

Perfekter Klang

Im Inneren der Glockentürme herrscht eine perfekte Akustik. Gaudí ließ an den Öffnungen spezielle Blenden mit abgestufter Neigung anbringen, damit der Klang der Glocken in höchster Reinheit bis auf die Straße zu hören ist. Zur guten Akustik tragen außerdem die engen Wendeltreppen bei, die kein Geländer brauchen. Bis zur Brücke führen sie im Inneren der Türme nach oben, ab der Brücke verlaufen sie dann an der Außenmauer weiter, denn das Innere dieses Turmabschnitts ist für die Glocken reserviert.

KLANG. DIE GLOCKEN

Gaudí hatte für die Sagrada Familia insgesamt 84 Glocken vorgesehen. Darunter auch sogenannte Röhrenglocken, die sich wie ein Instrument spielen lassen.

Glocke im Barnabasturm

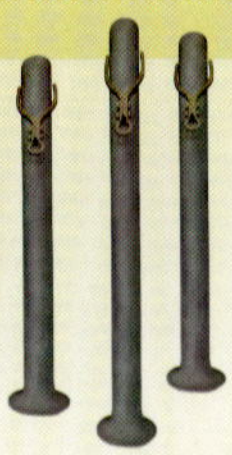

Röhrenglocken

Apostel an der Geburtsfassade
Diese zuerst fertiggestellten Türme sind den Aposteln Matthäus, Barnabas, Simon und Judas Thaddäus gewidmet.

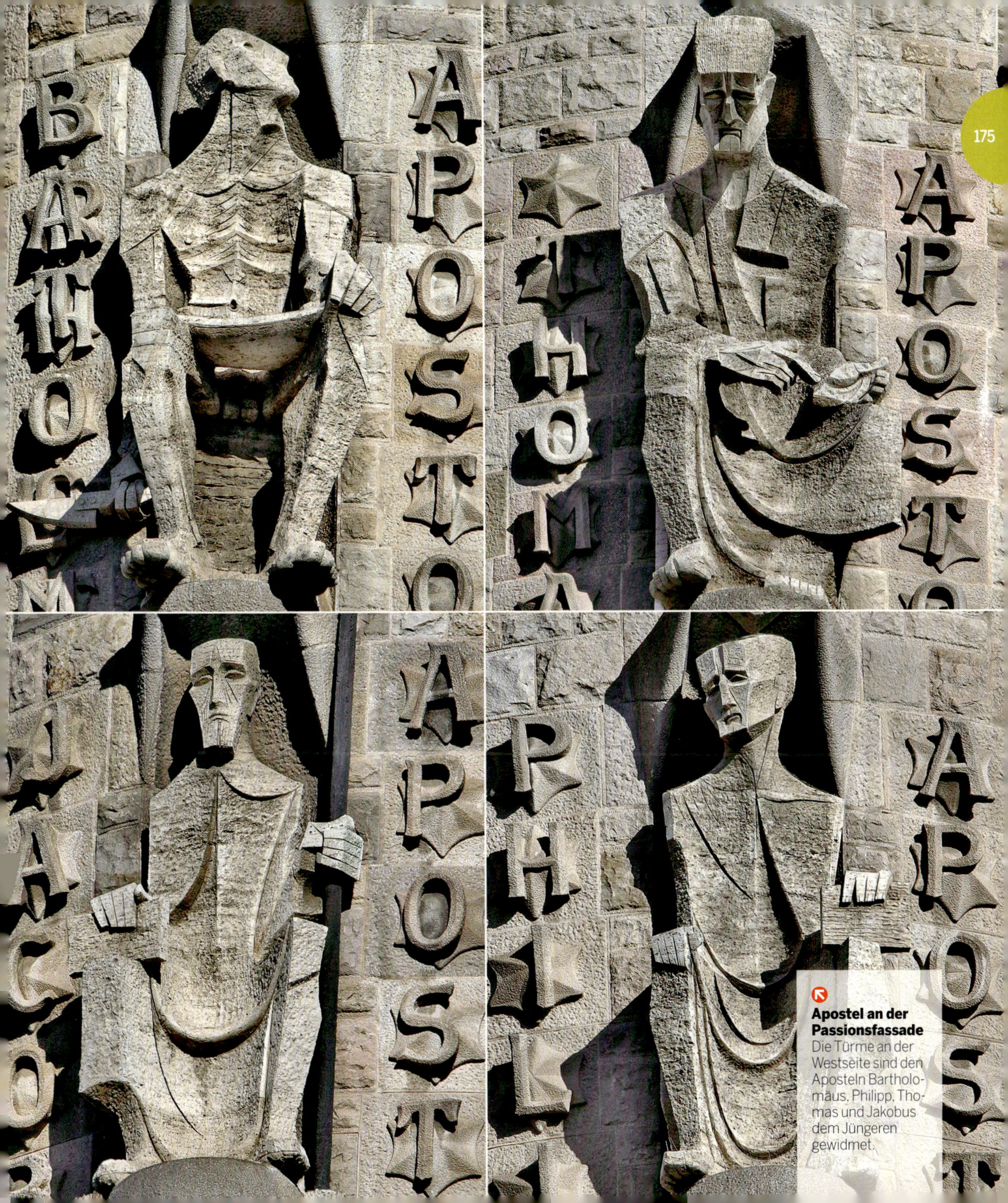

Apostel an der Passionsfassade Die Türme an der Westseite sind den Aposteln Bartholomäus, Philipp, Thomas und Jakobus dem Jüngeren gewidmet.

Die Fialen

Gaudí ließ die Glockentürme mit Mosaiken aus Muranoglas verzieren, damit die Symbole für die zwölf Apostel, denen die Türme gewidmet sind, schon von weitem zu erkennen waren.

Blumenrosetten
An jedem Glockenturm sind an der Basis der Fialen am Ende des Turmgehäuses 12 Blumenrosetten in verschiedenen Farben als Dekoration angebracht, die mit *Trencadís*-Mosaik aus bunter Glaskeramik verziert sind.

Die Spitzen der Glockentürme

Gaudí dachte sich zwei komplexe Lösungen zur Krönung der 12 Türme der Apostel aus. Die erste sah einen pyramidenförmigen Aussichtsturm mit sechseckiger Basis und Ringen vor. Das zweite Modell, das dann gebaut wurde, sieht einen Glockenturm mit einer 25 Meter hohen Fiale mit einem Mosaik aus farbenfrohem Muranoglas vor. Gaudí nutzte die reflektierenden Eigenschaften des Muranoglases aus und stellte mit der von ihm erfundenen *Trencadís*-Mosaiktechnik die Symbole der einzelnen Glockentürme dar: Die Initiale des Apostels, dem der Turm gewidmet ist, und die einzelnen Figuren, mit denen die Apostel versinnbildlicht werden, die den Auftrag der Jünger Jesu zur Verbreitung des Evangeliums fortgeführt haben.

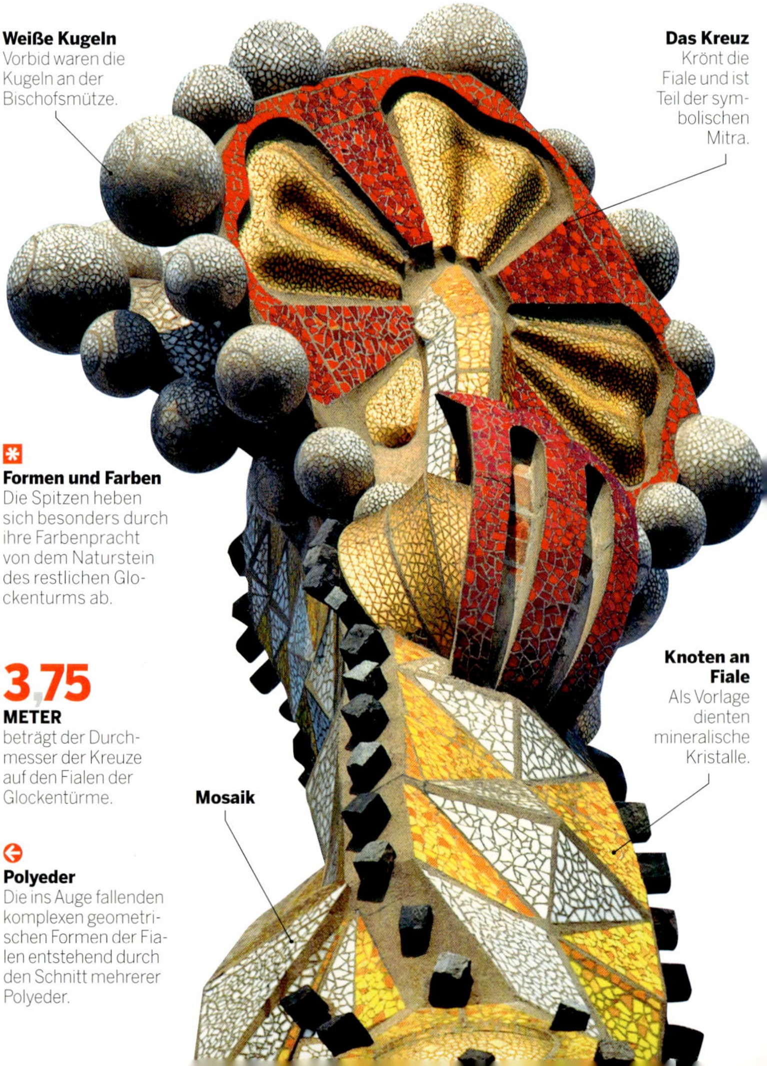

Formen und Farben
Die Spitzen heben sich besonders durch ihre Farbenpracht von dem Naturstein des restlichen Glockenturms ab.

3,75 METER
beträgt der Durchmesser der Kreuze auf den Fialen der Glockentürme.

Polyeder
Die ins Auge fallenden komplexen geometrischen Formen der Fialen entstehend durch den Schnitt mehrerer Polyeder.

1
Die Mitra
Die Bischofsmütze wird durch ein doppelseitiges Kreuz dargestellt, das mit weißen Kugeln verziert ist.

2
Bischofsstab
Die Basis der Fiale ist leicht geneigt. Die gebogene Form soll an einen Bischofsstab erinnern.

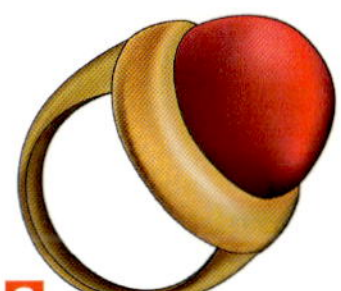

3
Bischofsring
Der Ring, der ein Symbol für die Autorität des Bischofs und die Treue zur Kirche ist, liegt unter der Basis der Fiale.

Symbole der Bischofswürde
Die Bischofssymbole dominieren die von Gaudí für die Fialen gestaltete Dekoration. Deutlich zu erkennen sind die stilisierten Darstellungen von Mitra mit Kreuz, Bischofsstab und Bischofsring.

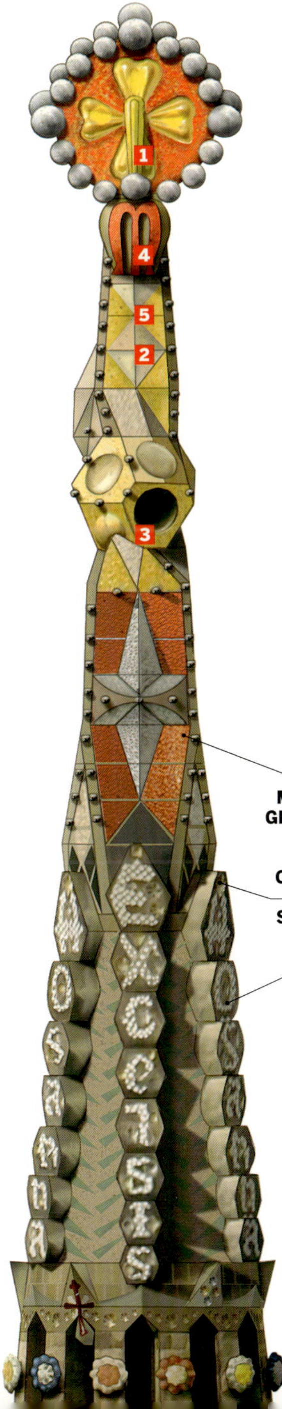

Buntes Mosaik aus Glaskeramik

Gebaut aus Glas und Stahlbeton

Gebetstexte auf Stein

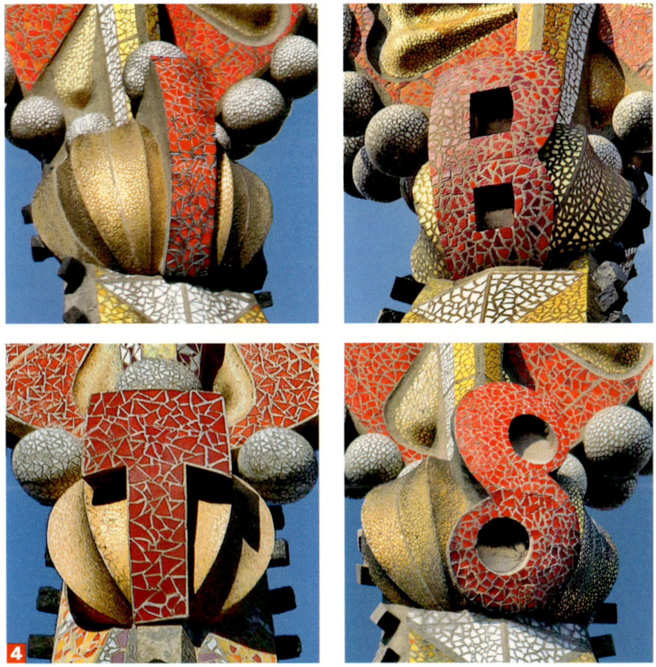

4

25
METER
hoch sind die Fialen an der Spitze der Glockentürme.

1977
IN DEM JAHR
entstanden die Türme der Passionsfassade

Initialen der Apostel

Jeweils am engsten Teil der Fiale, direkt unter dem Kreuz, das die Glockentürme krönt, ließ Gaudí die Initiale des Apostels anbringen, dem der Turm gewidmet war. Die Buchstaben sind als *Trencadís*-Mosaik geformt. Die roten Keramikstücke sind konvex geformt, damit sich das Sonnenlicht besser in ihnen spiegelt.

KUNSTHANDWERK. MURANOGLAS

Für die Dekoration der Fialen wählte Gaudí ein buntes Mosaik aus Muranoglas, das er in der von ihm erfundenen und viel verwendeten Trencadís-Technik gestaltete.

5
Mosaik aus Muranoglas

Glasstückchen

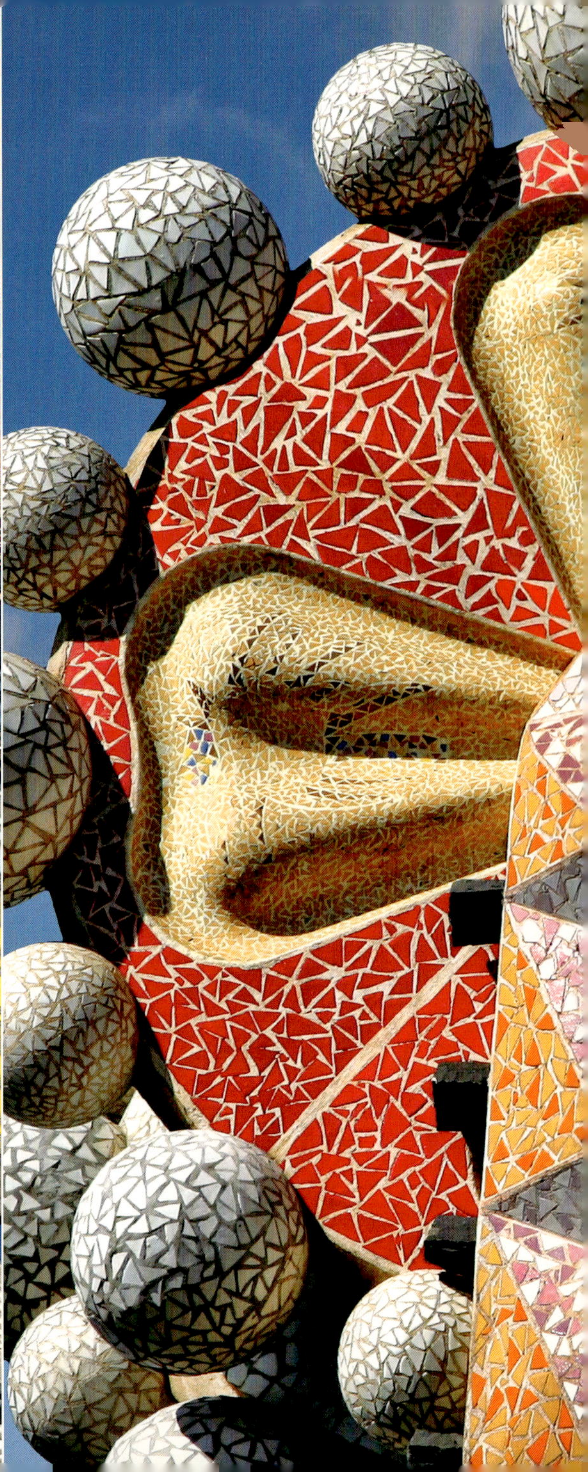

Die Kuppeln

Der Mittelteil des Dachs der Basilika Sagrada Familia besteht aus insgesamt sechs hoch emporragenden Kuppeln, die Christus, der Jungfrau Maria und den vier Evangelisten gewidmet sind.

Die Krone der Basilika

Gaudí maß den sechs Kuppeln innerhalb des Gesamtprojekts eine große Bedeutung bei, da sie den Altar beleuchten und das Gebäude krönen. Aufgrund ihrer Höhe sah Gaudí für sie eine breitere Basis als für die Glockentürme vor. Das Profil ähnelte dem der Sakristeien in den Ecken des Kreuzgangs: über einem achteckigen Sockel erheben sich die Seiten zu konvexen Parabeln. Die größte Kuppel, der Jesusturm, thront mit seinem imposanten Gewölbe über dem Kreuzschiff und ist von einem 15 m hohen vierarmigen Kreuz gekrönt. Der Marienturm erhebt sich über der Apsis und wird von einem Morgenstern gekrönt, einem traditionellen Mariensymbol. Die niedrigeren vier Kuppeln der Evangelisten stehen an den vier Seiten des Jesusturms und sind mit Symbolen dekoriert, die Matthäus, Markus, Lukas und Johannes versinnbildlichen.

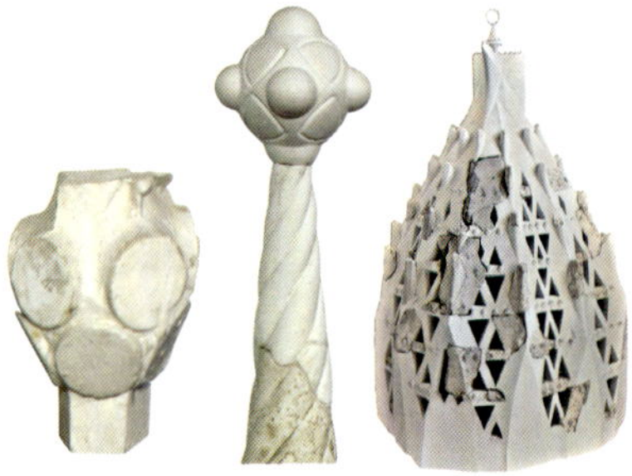

Studien zur Vorbereitung. Gaudí hinterließ Modelle und Gipsbauten von den Strukturen und den verschiedenen Teilen der Kuppeln.

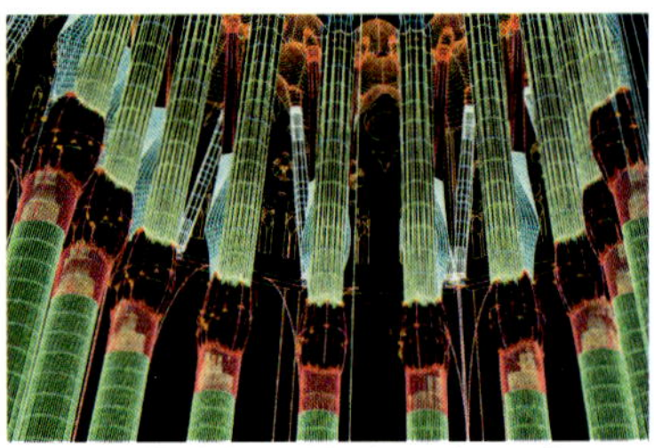

Moderne Verfahren. Mittels moderner Computertechnik lassen sich Gaudís Vorschläge für die Kuppeln gut darstellen.

SYMBOLIK. DAS KREUZ DER VIER ARME

Gaudí gestaltete dieses dreidimensionale Kreuz so, dass es von jeder Seite aus zu sehen ist. Diese Form des Kreuzes verwendete er bei vielen seiner Bauten.

Bellesguard

Parc Güell

Casa Batlló

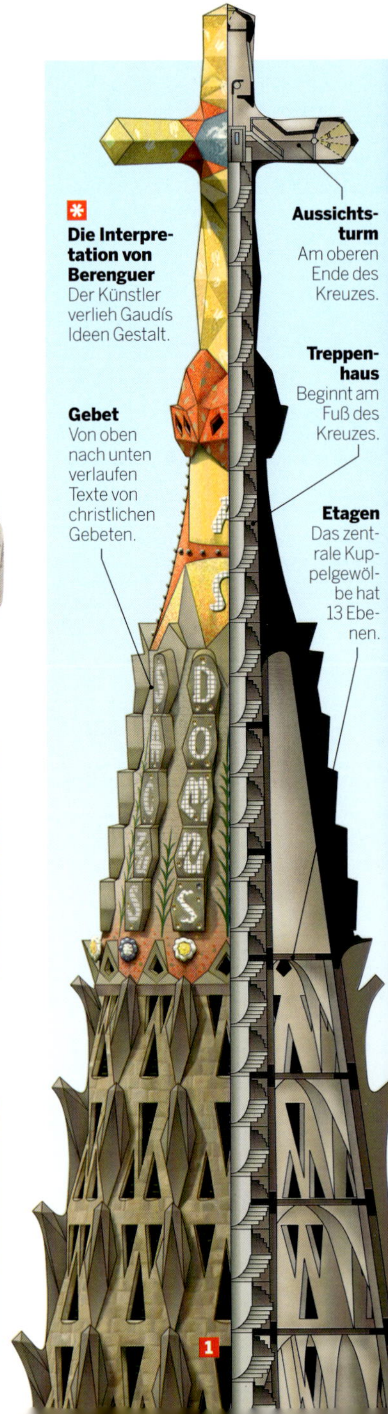

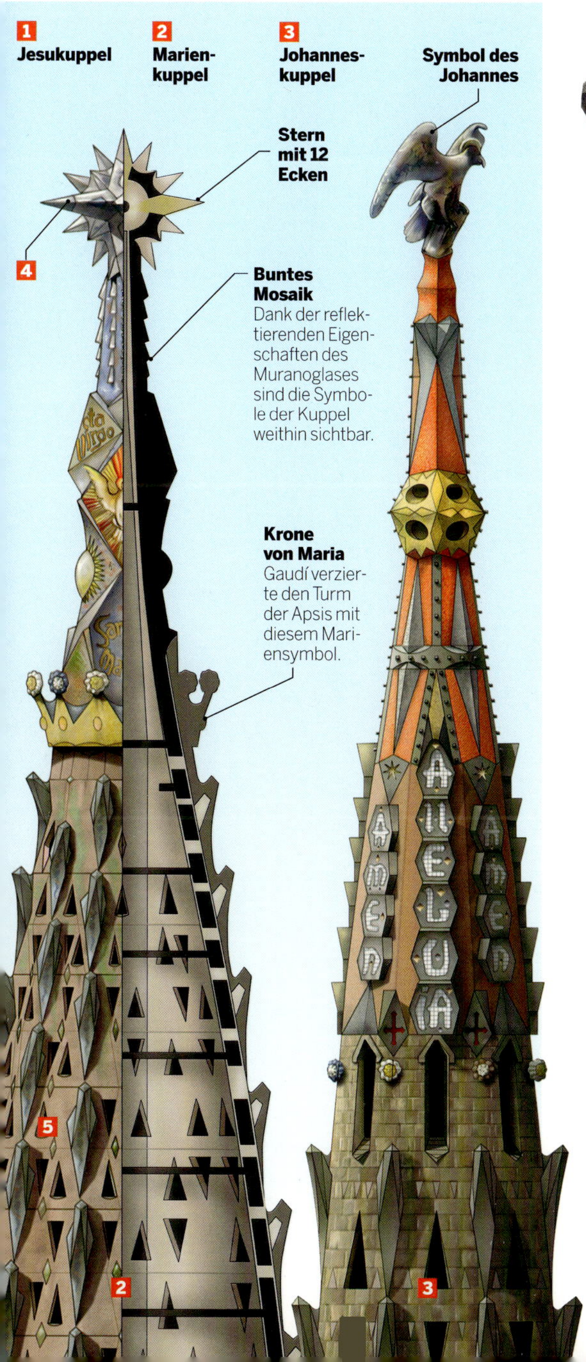

4 **Modell des Morgensterns**
Der Turm der Marienkuppel wird vom zwölfzackigen *Stella Matutina* gekrönt, einem traditionellen Mariensymbol.

5 **Dekoration am Marienturm**
Die prächtige Marienkuppel ist mit einem bunten Mosaik in Blau-, Rosa- und Goldtönen verziert.

15
METER
hoch ist das Kreuz, das den Jesusturm krönt, der mit seinen stolzen 172,5 Metern der höchste Punkt der Basilika Sagrada Familia ist.

Gewölbedecke des Marienturms
Die prächtige Marienkuppel über der Apsis der Sagrada Familia hat ein Kreuzrippengewölbe.

MATERIAL

Türme aus Titan

Die Oberflächen der Kuppeln der Evangelisten sind aus Titan gefertigt. Das Material wurde wegen seines Glanzes und seines geringen Gewichts gewählt.

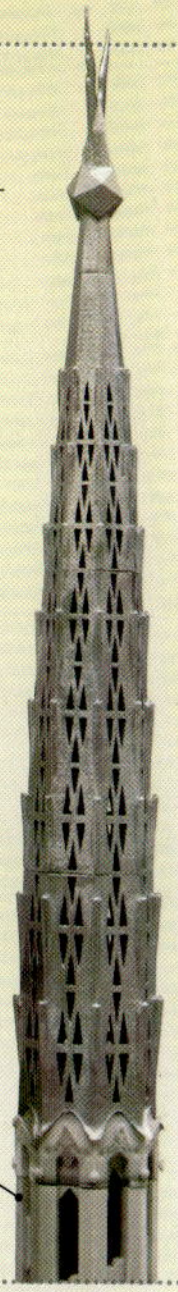

Vorzüge des Titans
Dieses Edelmetall ist besonders resistent gegen Witterungseinflüsse.

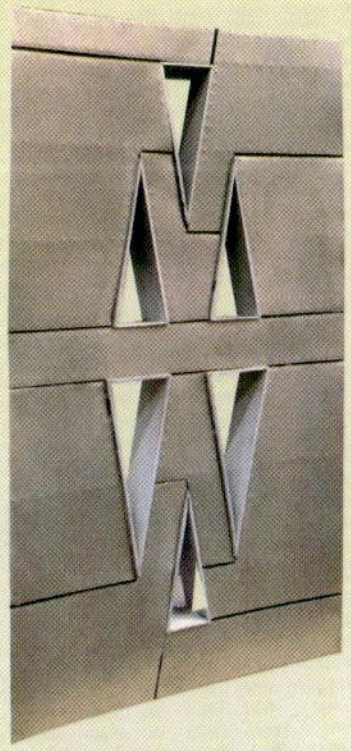

Basis aus Stein
Die Mauern der Kuppeln sind aus Kalk-Sandstein.

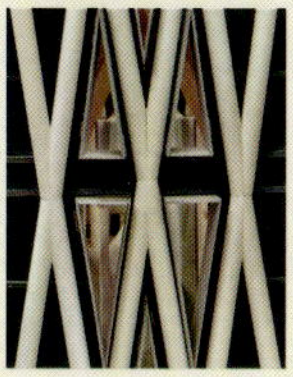

Konstruktion aus Metall
Die Teile aus Titan gewährleisten die Beständigkeit der Struktur gegen starke Winde und heftigen Regen.

4,5
GRAMM/CM³
ist die Dichte des Titans (Stahl 7,8). Damit ist das Baumaterial besonders leicht.

Sanctus
Sanctus
Sanctus
Sanctus
Sanctus
Sanctus

Dekoration der Türme. Neben dem farbenfrohen *Trencadís*-Mosaik aus Muranoglas, das die Fialen der Glockentürme schmückt, entwarf Gaudí zahlreiche weitere Zierelemente für die Türme der Sagrada Familia, darunter die Gebetstexte und Inschriften, die der heiligen Dreifaltigkeit gewidmet sind. Sie wurden in den Sandstein gehauen, aus dem die Mauern sind, und sind aus großer Entfernung sichtbar. Daneben gibt es auch kleine Verzierungen, die nur von den Balkonen der Türme aus zu sehen sind. Alle diese Dekorationen tragen zur Originalität des Kirchenbaus bei.

Symbole der Türme

Antoni Gaudí wollte mit den sechs Kuppeln und zwölf Glockentürmen die Pfeiler des katholischen Glaubens darstellen: Christus, die Jungfrau Maria, die vier Autoren des Neuen Testaments und die zwölf Apostel.

Verbindung zwischen Himmel und Erde
Gaudís Glockentürme und Kuppeln symbolisieren die Bedeutung der Basilika als Verbindung zwischen Weltlichem und dem durch die hoch emporragenden Türme dargestellten Himmlischem.

1
JESUS
Gottes Sohn und Begründer des Christentums. Gaudí ehrte ihn mit dem höchsten Turm der Basilika und der Stadt, den ein Kreuz krönt.

2
MARIA
Die Jungfrauengeburt Matias ist eines der wichtigsten Dogmen der katholischen Kirche. Maria wird mit einem Turm an der Apsis geehrt.

3
MATTHÄUS
In der Heiligen Schrift auch Levi genannt. Er war einer der Jünger Jesu und verfasste das erste Evangelium. Sein traditionelles Symbol ist ein Engel.

GLOCKENTÜRME DER GEBURTSFASSADE

7 Matthäus
Nahm Platz von Judas Ischariot ein.

8 Judas Thaddäus
Bruder von Jakobus dem Jüngeren.

9 Simon Zelotes
Im Deutschen „der Eiferer".

10 Barnabas
Er predigte in Zypern und Kleinasien.

GLOCKENTÜRME DER PASSIONSFASSAD

11 Jakobus d. Jüngere
Wurde als Märtyrer gesteinigt.

12 Bartholomäus
Predigte in Indien un
Mesopotamien.

18

TÜRME
ragen über der Sagrada Familia empor: Jesusturm (1) über Kreuzschiff, Marienturm (2) über Apsis, 4 Evangelistentürme (3 bis 6) an der ersten und 12 Glockentürme (7 bis 18) an den übrigen drei Fassaden.

DIE TÜRME der Sagrada Familia bilden Vierergruppen und stehen an den Ecken der Basilika.

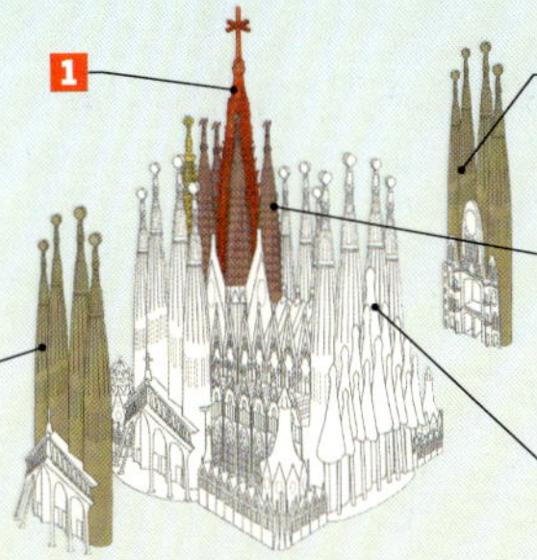

Glockentürme der Geburtsfassade

Kuppeln der Evangelisten

Glockentürme an der Passionsfassade

Glockentürme an der Glorienfassade

4
MARKUS
Autor des zweiten Evangeliums, erster Bischof von Alexandria und Dolmetscher von Petrus, dem Urvater der Kirche. Sein Symbol ist der Löwe.

5
LUKAS
Der Autor des dritten Evangeliums wurde in Antiochia i(heute Türkei) geboren und war Gefährte des Apostels Paulus. Sein Symbol für den ist der Stier.

6
JOHANNES
Er gilt als Evangelist mit besonderer Nähe zu Jesus. Von ihm stammt die Johannesoffenbarung im Neuen Testament. Sein Symbol ist der Adler.

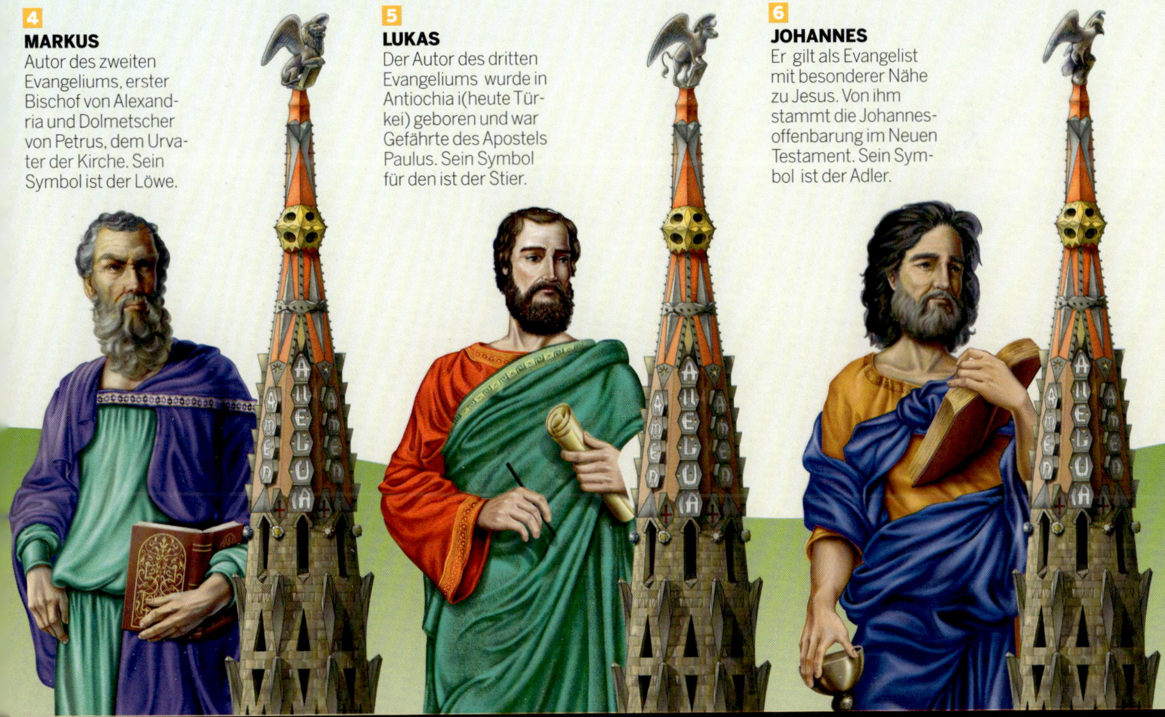

GLOCKENTÜRME DER GLORIENFASSADE

3
Thomas
Zweifelte an der Auferstehung Christi.

14
Philipp
Wurde in Kleinasien gekreuzigt.

15
Andreas
Der erstberufene Apostel Jesu.

16
Petrus
Gründer der Kirche und erster Papst.

17
Paulus
Der erste christliche Theologe.

18
Jakobus der Ältere
Bruder des Johannes, starb enthauptet.

ESCOLES

11 DIE PROVISORISCHEN GEBÄUDE
Schulen und Werkstatt

Im Zuge der Bauarbeiten hat Antoni Gaudí einige Hilfs- und Nebengebäude entworfen und bauen lassen.

Da wegen der Größenordnung des Bauprojekts sehr schnell abzusehen war, dass sich die Bauarbeiten über einen sehr langen Zeitraum hinziehen würden, entwarf Gaudí Nebengebäude sowohl für die Arbeiter der Baustelle als auch für deren Kinder. Eines dieser Gebäude war der sogenannte „Obrador", in dem das Lager, die Werkstätten der Künstler und Handwerker und das Atelier des Architekten untergebracht waren. Hier wurden die Skulpturen und Modelle entworfen und die Baupläne Gaudís aufbewahrt. Ein weiteres Gebäude war das Wohnhaus des Kaplans. Am bekanntesten ist jedoch das ehemalige Schulgebäude, das durch seine besonders einfache Bauweise und sein avantgardistisches Design hervorsticht. Es wird heute als Büro genutzt.Die Idee zum Bau einer Schule an der Sagrada Familia hatte der erste Kaplan der Krypta Pater Gil Parés i Vilasau. Er schlug Gaudí 1908 vor, ein einfaches Gebäude zu errichten, in dem die Kinder der Bauarbeiter und auch Kinder aus armen Familien aus dem Stadtviertel unterrichtet werden würden. Parès war Anhänger der aktiven Pä-dagogik, die von der Italienerin Maria Montessori begründet worden war und die sich durch den respektvollen Umgang mit den Schülern auszeichnete. Dies galt in der damaligen Zeit, in der körperliche Züchtigung an der Tagesordnung war, als geradezu revolutionär. Das einfache Backsteingebäude, das mit großer Wahrscheinlichkeit von Gaudí selbst finanziert worden war, gehört trotz seiner simplen Baustruktur und der Bescheidenheit der verwendeten Materialien zu den repräsentativsten Werken des Architekten. Bei seiner Konstruktion setzte Gaudí sein gesamtes Können und seine gesamte Kreativität ein.

Eingang der Schule
Den Haupteingang beschriftete der Architekt in großen Buchstaben mit dem Nutzungszweck des Gebäudes.

Grundriss
Der Grundriss zeigt die wellenförmigen Mauern und die Innenaufteilung mit drei Klassenzimmern und Waschräumen.

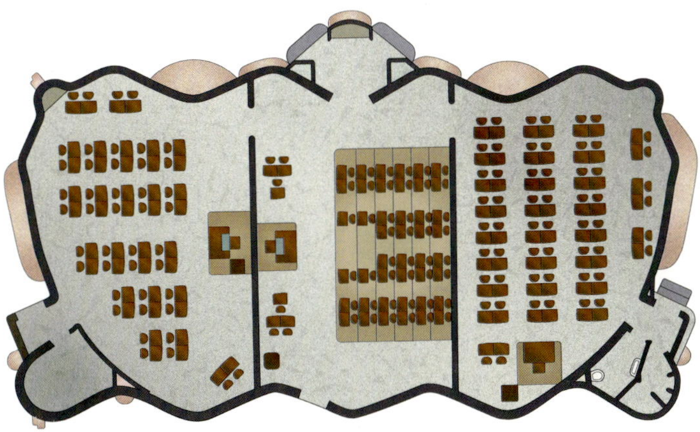

Einfach und funktional

Gaudí wandte seine ganze Kreativität auf, um die Schule auf dem zur Verfügung stehenden Platz zu bauen. Das bescheidene Erscheinungsbild täuscht: der Bau erforderte zahlreiche technische Innovationen.

Beleuchtung
Gaudí hatte an allen vier Seiten Fenster zum Einfall des Tageslichts vorgesehen, es wurde jedoch auch elektrische Beleuchtung installiert.

Die Schule

Das 24 m lange und 12 m breite einstöckige Gebäude hat keine Ecken. Das Innere besteht aus drei Klassenzimmern und zwei Waschräumen, die sich den Enden befinden. Die unverputzten Mauern bestehen aus zwei mit Schnellzement gemauerten Backsteinschichten. Die innovative Bautechnik geht über die bekannten traditionellen Methoden hinaus: Die Backsteine wurden wie beim Mauern von Innenwänden üblich mit der breiten Seite nach vorne und senkrecht verlegt, um die Krümmung der Fassade herzustellen. Die leichte und zugleich robuste Dachstruktur besteht aus einem von drei Eisenpfeilern getragenem Längsbalken aus Eisen, der wiederum die Holzbalken stützt, die dem Dach seine gewellte Form geben.

Magnolienblatt
Dieses Blatt diente Gaudí als Vorbild für die Form des Schuldachs.

1928
IN DEM JAHR
besichtigte Le Corbusier die Schule, um die Bauweise zu studieren..

Dachkonstruktion
Das Dach besteht aus auf Längsträger gestützte Holzbalken.

3 Klassenzimmer
An der Seite, mit direktem Eingang.

Klassenzimmer
Nach Verlegung des Gebäudes an seinen jetzigen Standort wurde der Originalzustand der 1936 zerstörten Klassenzimmer wiederhergestellt.

2 Eingang zu den Waschräumen

Senkrecht verlegte Backsteine

6

Fenster
Über dem Fenster sitzt ein mit Ziegeln gedecktes Vordach.

7

Deckenbalken
Sie stützten sich auf die Mauern und sorgten für die originelle Form des Dachs.

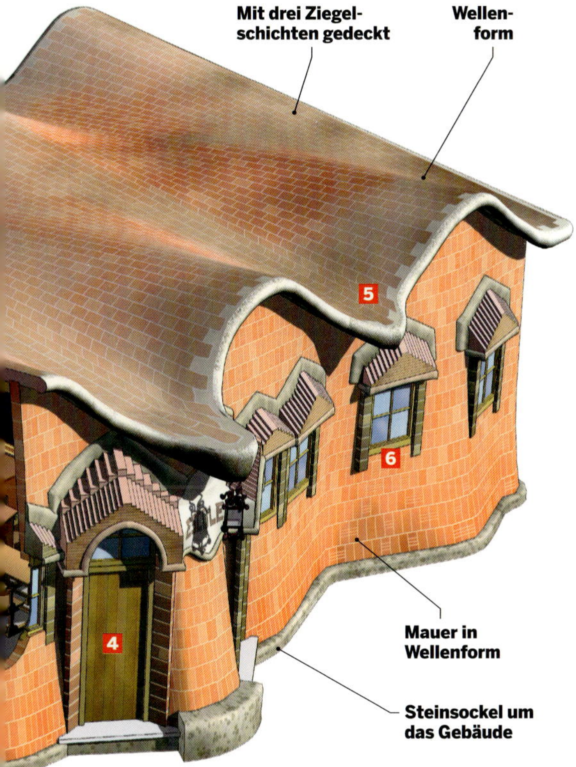

4

Haupteingang
Ein dreieckiger Durchgang an der Westmauer mit einem kleinen als Flur dienenden Vorbau mit zwei Türen.

5

Regenabfluss
Dank der von Gaudí entworfenen originellen gewellten Fläche des Ziegeldachs fließt Regenwasser schnell ab.

150

SCHÜLER
konnten in den drei Klassenzimmern der Schule zusammen unterrichtet werden.

8

Brunnen der Schule
Der steinerne Pfeiler trägt über dem runden Becken das Mariensymbol.

9 000

PESETEN
(heute 54 Euro) kostete der von Gaudí finanzierte Bau der Schule damals.

1936

IN DEM JAHR
wurden zwei Tage nach Ausbruch des spanischen Bürgerkriegs die Schule und andere Teile des Kirchenbaus durch ein Feuer zerstört.

NORDSEITE DES GRUNDSTÜCKS

Werkstatt

Im „Obrador" waren Lager, Werkstätten der Künstler und Handwerker und Atelier des Architekten untergebracht. Hier wurden Modelle und Formen aufbewahrt.

Neben der Apsis. Die Werkstatt und das Wohnhaus des Kaplans standen an der nördlichen Ecke des Geländes.

Anagramm der Sagrada Familia
Das Symbol für Jesus, Maria und Josef befindet sich an einer der Werkstattmauern.

Werkstatt
Das Dach der Schule konnte geöffnet werden, damit mehr Licht in die Klassenräume hinein fiel.

Einrichtung Die einfachen und funktionalen Möbel der Werkstatt sind heute in einem der Klassenzimmer zu sehen.

Einfach und funktional

Gaudí setzte beim Bau der Schule auf maximale Schlichtheit und verwendete fast ausschließlich massive Backsteine. Er entwarf eine wellenförmige Struktur, die dem Gebäude eine hohe Steifigkeit verlieh.

Laterne
Die einfache Bauweise des Schulgebäudes wurde durch kunstvoll gearbeitete Zierelemente wie diese schöne schmiedeeiserne Laterne aufgelockert.

Bau der Mauern

Decken des Dachs

Die fertige Schule

Wiederaufbau der Schule
Der schnelle Fortschritt der Bauarbeiten an den Seitenschiffen machte 2002 die Verlegung des Schulgebäudes von seinem ursprünglichen Standort an seinen jetzigen Standort notwendig.

BILDBAND BASILIKA SAGRADA FAMILIA

KONZEPT UND LEITUNG: CARLOS GIORDANO UND NICOLÁS PALMISANO
KOORDINIERUNG: FERNANDO GARCÍA · DESIGN: JAMES KNIGHT • LAYOUT: FRANCIA BUSTAMANTE

HERAUSGEBER

TEXTE
LEITUNG UND KOORDINIERUNG: DOS DE ARTE EDICIONES, S.L.
REDAKTION: RICARD REGÀS, CARLOS GIORDANO UND NICOLÁS PALMISANO
ÜBERSETZUNG: ANETTE HILGENDAG

DOS DE ARTE EDICIONES

ERSTE AUSGABE 2013

ISBN: 978-84-96783-99-7
DEPÓSITO LEGAL: B. 14819-2013
GEDRUCKT IN SPANIEN

www.dosdearte.com
pedidos@dosdearte.com

DANKSAGUNG
DER VERLAG DOS DE ARTE EDICIONES BEDANKT SICH BEI DEM BAUVEREIN JUNTA CONSTRUCTORA DEL TEMPLE EXPIATORI DE LA SAGRADA FAMÍLIA FÜR SEINE UNTERSTÜTZUNG BEI DER HERAUSGABE DIESES BUCHES.